dtv

»Es gibt Frauen, die nicht nur mit Waschmaschinen, Saftpressen, Bügelautomaten und Geschirrspülern hantieren, sondern auch Bohrmaschinen benutzen und Hobby-Lötkolben ... Es gibt aber auch Frauen (und das sind die verwegensten), die sich vehement weigern, die Funktionsweise moderner Haushaltsgeräte zur Kenntnis zu nehmen, und sie trotzdem in Betrieb setzen ...« Auf witzig-ironische Weise werden hier Alltagsprobleme glossiert, wie sie Ehe, Haushalt, Kindererziehung, Gäste und Hobby mit sich bringen. Christine Nöstlinger hat den Menschen aufs Maul und in ihre Wohnungen geschaut und ist den Zuständen auf den Grund gegangen ...

Christine Nöstlinger, am 13. Oktober 1936 in Wien geboren, lebt als freie Schriftstellerin abwechselnd in ihrer Geburtsstadt und im Waldviertel. Sie schreibt Kinder- und Jugendbücher und ist für Zeitungen, Rundfunk und Fernsehen tätig.

Christine Nöstlinger

Haushaltsschnecken leben länger

Mit Illustrationen von
Christiana Nöstlinger

Deutscher Taschenbuch Verlag

Dieses Buch liegt auch in der Reihe dtv großdruck
als Band 25030 vor.

Ungekürzte Ausgabe
Oktober 1987
9. Auflage Februar 1999
Deutscher Taschenbuch Verlag GmbH & Co. KG,
München

Umschlagkonzept: Balk & Brumshagen
Umschlagbild: Christiana Nöstlinger
Gesamtherstellung: C. H. Beck'sche Buchdruckerei,
Nördlingen
Gedruckt auf säurefreiem, chlorfrei gebleichtem Papier
Printed in Germany · ISBN 3-423-20226-2

Inhalt

Was ist nur aus uns geworden?

Was ist nur aus uns geworden?

Manchmal, in den ganz stillen Stunden, wenn man der Besinnlichkeit anheimgefallen ist und dabei auch ein wenig an die eigene Person denken muß, dann fällt einem ein, wie man sich seinerzeit, vor vielen, vielen Jahren, in Jugendtagen, sein späteres Leben vorgestellt hat und wie sehr man sich dabei verkalkuliert hat.

Als vernünftiger junger Mensch hat man damals ohnehin keine größeren »Rosinen« im Kopf gehabt. Zu den naiven Maiden, die von Filmkarriere, Heirat mit einem Millionär und einem Leben auf Hawaii träumen, hat man nie gehört.

Aber trotzdem – das muß man sich in stillen Stunden zugeben – ist alles sehr anders gelaufen als erwartet.

Um die Anhäufung von »irdischen Gütern« geht es bei dieser Unzufriedenheit nicht. Von denen haben wir eine Menge, die wir in Jugendtagen gar nicht kannten, also für uns auch nicht erträumen konnten.

Um uns selbst geht es. Wir haben uns nicht unseren Erwartungen gemäß entwickelt. Als freundliche, heitere, gelassene Erwachsene haben wir uns entworfen, immer gerecht und gütig und einsichtig. Und ganz besonders edel dachten wir uns unseren zukünftigen Kindern gegenüber. Dem Lebenspartner meinten wir natürlich auch einmal die ideale Gefährtin zu sein. Auch geistig sahen wir uns in ständiger Weiterbildung. Theater, Oper, Ausstellungen, Bildungsreisen, alles wollten wir machen. Und daß wir alle wichtigen Neuerscheinungen auf dem Buchmarkt lesen werden, war ja wohl klar!

Daß wir ein Vierteljahrhundert später neben einem Herrn im Halbschlaf den Abend vor einem TV-Gerät, Salzmandeln mampfend und zwei-glatt-zwei-verkehrt strickend, zubringen werden, haben wir wahrlich nicht angenommen.

Daß wir den Nachwuchs ankeifen werden, bloß weil ein nasses Badetuch irgendwo herumliegt, hielten wir damals für eine absurde Vorstellung.

Und daß wir uns in unserer Freizeit eher für einen Kaffeehaustratsch als zu einem Ausstellungsbesuch entscheiden, hätten wir uns nie unterstellt.

Aber schließlich haben wir uns seinerzeit auch einen ganz anderen Ehemann, andere Freunde und andere Kinder erträumt. Wenn die alle so geworden wären, wie von uns erdacht, dann wären auch wir selbst sicher so wie seinerzeit geplant.

Spiegelbilder

Werbung, las ich unlängst in der Werbebroschüre einer Werbefirma, sei nichts als das Spiegelbild der Gesellschaft und ihrer Einstellungen und bewege sich in diesem Umfeld.

Na fein, dachte ich! Da braucht man sich ja bloß anschauen, wie Frauen in der Werbung dargestellt werden, und weiß sodann, welche Position Frauen in unserer Gesellschaft haben!

Ein BRD-Wochenmagazin blätterte ich wissensdurstig von der ersten bis zur letzten Seite durch. Ich fand etliche Frauen, die sich freuen, weil es Kaschmir und reine Wolle gibt, mehrere Frauen, die sich an Männerbrüste schmiegen, eine, die an einer Reling lehnt und einen Longdrink nimmt, eine, die stolz ist, weil sie fünfzehn Kilo abgenommen hat, eine, die ein Hochzeitskleid anzieht, und drei, die im Fond eines Autos sitzen.

Zwei Damen segelten, eine stieg ins Bad, drei rauchten, eine topfte Blumen um, eine lag im Bett und freute sich über die Zusatzversicherung, viele rauchten, und noch mehr tranken harte Getränke, entweder ohne Angabe von Gründen oder weil sie »im Augenblick« verweilen wollten.

Siebzehn Fräulein hockten auf einem Auto herum, damit es ein Herr zum Leihwagen seiner Wahl mache.

Unzufrieden damit, schaute ich eine »Programmzeitschrift« durch und fand eine Frau, der in den Mantel geholfen wird, eine, die trinkt, eine, die im Kasino spielt, eine, die lacht, weil es so viele Haushalts-Heinzelmännchen gibt, zwei, die Pizza essen, und sechs, die sich auf den Dienstag freuen, weil da immer ihre Zeitschrift erscheint.

Auch damit unzufrieden, nahm ich mir eine Zeitschrift vor, die sich mit Eß- & Trink-Kultur abgibt.

Da, dachte ich, werde ich wohl mehr erfahren und sah eine Frau, die am Eis »knuspert«, eine, der mit Rum »alles gelingt«, eine, die sich vom Manne ab- und dem Schnaps zuwendet, eine, die kalorienarme Limonade trinkt, und eine, deren Hände ruhig einen Mann streicheln dürfen, weil man den Händen »gar nichts ansieht«.

Natürlich sah ich auch Männer, die sich über Schurwolle freuen und über Rasierwasser und Schnaps. Aber Männer dürfen in der Werbung auch Bankgeschäfte machen, operieren, Häuser bauen, filmen, bausparen, gutes Werkzeug haben und zum Heilpraktiker gehen.

Schuldgefühle sind Frauensache

Unsere Umgangssprache entbehrt nicht der Fachausdrücke psychologischer Art. Selbst Menschen, deren Wortschatz tausend Vokabel kaum übersteigt, sprudeln die »Neurosen« und den »Psychopathen« und die »Hemmungen« und die »Komplexe« nur so heraus.

Auch die »Schuldgefühle« gehören zu dieser Sorte von sprachlichem Allgemeingut. Wenn der »Streß« der Bestseller der Saison ist, ist das »Schuldgefühl« der Evergreen des Jahrzehnts. Und diese Schuldgefühle, ich beobachte es seit Jahren, sind hauptsächlich im Besitz des weiblichen Teils der Menschheit.

Frauen haben Schuldgefühle, wenn sie keine Kinder gebären oder dem Mann statt einem Sohn eine Tochter gebären. Sie haben Schuldgefühle, wenn sie Kinder haben und arbeiten gehen, und sie haben Schuldgefühle, wenn sie nicht arbeiten gehen und den Mann das Geld verdienen lassen. Sie haben Schuldgefühle, wenn die Kinder in der Schule sitzenbleiben und wenn die Kalbsschnitzel, die sie beim Fleischhauer gekauft haben, im Großmarkt am anderen Ende der Stadt um fünfzehn Prozent billiger zu haben gewesen wären.

Es gibt auch Frauen, die sich schuldig fühlen, weil sie mit vierzig nicht mehr so straff und jugendlich aussehen wie mit zwanzig. Auf alle Fälle aber gibt es Frauen in Menge, die schon Schuldgefühle entwickeln, wenn sie bloß ein Viertelstündchen faul sind.

Wie ertappte Schüler schlagen sie den Krimi zu und greifen zum Strickzeug, wenn ein Familienmitglied den Raum betritt. Um zu einem friedlichen Mittagsschlaf zu kommen, meinen sie Kopfweh haben zu müssen, und den Kaffeehausbesuch mit Illustrierter und Cremeschnitte halten sie so geheim, als wären sie an frivolem Orte der Unzucht nachgegangen.

Daraus ist zu folgern: Wenn ein Mensch wegen derart harmloser Tätigkeiten Schuldgefühle entwickelt, können Schuldgefühle nicht viel mit wirklicher Schuld zu tun haben.

Da aber, auch das beobachte ich seit Jahren, diese so mannigfachen weiblichen Schuldgefühle keine erfreulichen Emotionen sind, die man sich freiwillig und luxushalber zulegt, muß an diesen Schuldgefühlen wer die Schuld haben. Die wirkliche Schuld!

Und wen – bitte – gibt es hierzuerden noch, außer Frauen? Na eben!

Bedenken Sie, verehrte Leserin, diese Sachlage in Ihrer nächsten faulen Viertelstunde. Vielleicht artet sie dann zu einer ganzen und völlig schuldlosen aus.

Familienidylle

Ich kenne etliche Frauen, die sind so selbstlos und aufopfernd, daß sie sich rein gar nichts gönnen! Nicht einmal einen Sitzplatz bei Tisch gönnen sie sich. Und einen Teller beanspruchen sie auch nicht. Sie servieren der Familie die Mahlzeiten, als wären sie schlecht behandelte Dienstmädchen aus dem vorigen Jahrhundert.

Während der Mann und die Kinder das Gemüsesupperl schlürfen, stehen diese Frauen in der Küche und backen die Schnitzerl aus, denn Schnitzerl sollen ganz, ganz resch und natürlich heiß auf den Tisch kommen.

Und wenn dann die Lieben über die Schnitzerl herfallen, schlagen diese Frauen die Vanillesoße auf und holen die Dampfnudeln aus dem Rohr.

Auch Vanillesoße und Dampfnudeln sind frisch am besten!

Zwischen dem Auftragen der nahrhaften Köstlichkeiten und dem Abtragen des verdreckten Geschirrs stopfen diese Frauen schnell ein paar vermischte Bissen in den Mund.

Die gute Hausfrau & Mutter delektiert sich halt nicht an einem Mittagessen in Ruhe, sondern an den zufriedenen Rülpsern ihrer Lieben.

Nur hat die Sache einen Haken! Oft wird die aufopfernde selbstlose Art gar nicht besonders von der Familie geschätzt. Man rülpst zwar zufrieden, aber man schaut auch vorwurfsvoll.

»Dauernd rennst du hin und her«, sagt der Mann. »Kannst du dich nicht endlich hersetzen! Da schmeckt es einem doch gar nicht!«

Da lächelt dann die aufopfernde Mutter & Hausfrau, wischt sich die schweißnasse Stirn, murmelt: »Ich muß die Schnitzel umdrehen« und eilt mit einem Stoß dreckiger Suppenteller der Küche zu.

Seufzend und kopfschüttelnd schaut ihr der Mann nach, und der halberwachsene Sohn streckt die Beine unter den Tisch, lümmelt sich weit zurück und spricht tröstend zum Vater:

»Laß sie doch! Wenn sie sich nicht aufopfern kann, hat sie keinen Lustgewinn!« Worauf die ebenfalls halberwachsene Tochter sagt:

»Aber daß sie uns auf diese Art andauernd Schuldgefühle einimpft, ist ihr ja wurscht!«

Die aufopfernde Hausfrau & Mutter hört dieses Gespräch beim Hin- und Hereilen natürlich mit an. Aber sie nimmt es gelassen zur Kenntnis.

Zur feinen Sorte der Aufopferung gehört es nämlich, daß man sich keinen Dank erwartet!

Taschenumwidmung

Es gibt Familien, in denen strikte Gütertrennung herrscht. Jeder Gegenstand, der sich in der Wohnung befindet, gehört einem Familienmitglied, und jedes Familienmitglied verteidigt sein Hab und Gut gegen Benutzung durch andere.

Und da in Familien meistens Fraktionen gebildet werden, bekommt jeder Besitzverteidiger noch Unterstützung von einem Fraktionsmitglied. Da heißt es dann: »Michi, setz dich nicht in Vatis Sessel!« Und: »Mama, die Susi will dein Briefpapier nehmen!«

Familien dieser Art sind jedoch eher selten. Die Normalfamilie besitzt Sessel und Briefpapier und Bürsten und Scheren, Maßbänder, Regenschirme und Einkaufsbeutel, ohne sich darüber klar zu sein, welches Familienmitglied den Besitzanspruch auf diese Dinge hat.

Daß Parfums, Deos, Kleingeld, Briefmarken, Socken, Slips und Kugelschreiber in Normalfamilien ebenfalls ohne spezielle Nachfrage bei dem, der diese Sachen erstanden hat, benutzt werden, ist üblich.

Aber auch in Familien mit Gemeinschaftssinn, Konsumgüter betreffend, hat jedes Mitglied ein paar Dinge, die es für sich behalten möchte.

Gelassen schaut der Vater seit Jahren zu, wie seine Söhne und Töchter in seinen neuen und alten Hemden herumgehen, seine Krawatten um Hals, Taille oder Stirn binden und sich in seine Taschentücher schneuzen. Und plötzlich dreht der »Alte« durch, weil eines seiner Kinder in seinem Bademantel beim Frühstück sitzt!

»Anal fixierter Geizhals«, murmelt das Kind, zieht den Bademantel aus, überreicht ihn dem Vater und will noch ein paar sarkastische, psychologisch gefärbte Bemerkungen anbringen, doch die bleiben ihm im Halse stecken, denn entsetzten Auges gewahrt es, daß sich eines seiner Geschwister mit seinem Lieblings-T-Shirt bekleidet hat.

»Zieh mein Leiberl aus, aber sofort!« brüllt das Kind, und wenn es dafür nicht schon zu groß wäre, würde es heulen vor Wut, weil sich der Leiberlräuber bloß an die Stirn tippt und hurtig die Wohnung verläßt.

Am ärgsten aber sind die Umwidmungen, die Familienmitglieder vornehmen.

»Wo ist meine schwarze Tasche? Wer hat meine schwarze Tasche gesehen?« klagt die Tochter.

Nur sehr abgeklärte Mütter helfen der Tochter dann die schwarze Tasche suchen, ohne anzumerken, daß die schwarze Tasche eigentlich und in Wirklichkeit der Mutter Tasche ist.

Hände weg vom Staubsauger

Frau A. hat vor etlichen Wochen in der Zeitung gelesen, daß zuviel Staubsaugen der Gesundheit schade, weil beim Saugen Feinstaub mit Pilzsporen, Bakterien und allergieerzeugenden Stoffen in die Luft geblasen werde und dann beim Einatmen in die Lunge wandere.

Frau A. wollte das nicht glauben und fragte ihren Arzt. Der bestätigte es und sagte ihr, in vielen Krankenhäusern sei man schon davon abgekommen, Staubsauger zu verwenden, denn häufiges Staubsaugen belaste den Organismus ähnlich schwer wie starkes Rauchen.

Nun glaubt Frau A. die gelesene Botschaft. Trotzdem holte sie tagtäglich den Staubsauger aus dem Schrank und saugte längs und quer durch die Wohnung. Sie konnte nicht anders! Sie mußte! Sie verfiel der Depression, wenn sie auch nur einen Tag nicht saugte.

Herr A. und die Kinder A. seufzten und grinsten – je nach ihrer momentanen Laune – und sagten, da könne man nichts machen, die gute Frau habe halt den Putzfimmel!

Frau A. selbst war ratlos. Bis zur Lektüre des Zeitungsartikels hatte sie den Putzfimmelvorwürfen Hygiene-Argumente entgegengehalten und erklären können, sie putze ausschließlich im Dienste an der Familie, um diese vor Krankheiten zu schützen, die aus dem »Dreck« kommen können. Nun sah sie ihre Argumente durchlöchert wie Emmentaler.

Und es war ja nicht nur der Staubsauger! Machte sich Frau A. mit einer Spraydose hurtig über einen Schmutzfleck her, belehrte sie der Sohn über »Treibgas und Ozongürtel«. Wischte sie mit einem Säftlein den Tisch strahlend, hüstelte die Tochter provokant, japste nach Luft und röchelte: »Pfui, Chemie!« Und Herr A. behauptete, der Juckreiz, den er auf dem Popo verspüre, komme sicher von Rückständen im wöchentlich einmal gewaschenen Bettzeug!

Frau A. kam so weit, daß sie selbst ihre Vorstellungen von Sauberkeit als Zwangsvorstellungen begriff. Jetzt hält sie sich zurück. Sogar ihren Liebling, den Staubsauger, greift sie kaum mehr an. Aber manchmal, in einer stillen Gasse, da kann man Frau A. zu einem dreckigen Auto hinwieseln sehen. Verstohlen schaut sie sich dann um und schreibt mit dem Zeigefinger SAU in die Staubschicht. Das erleichtert sie ungemein!

Warum das so ist, weiß sie nicht. Aber darauf kommt es ja auch nicht an. Hauptsache, sie fühlt sich hinterher etwas wohler.

Speisekammer oder Tiefkühltruhe

Vor vielen, vielen Jahren las ich ›Schau heimwärts, Engel!‹ von Thomas Wolfe und war nicht nur ganz allgemein von diesem Buch beeindruckt, sondern ganz speziell von zwei Buchseiten, auf denen der Autor detailliert eine prächtig gefüllte Speisekammer beschreibt.

Immer wieder, im Laufe der Jahre, weit öfter als an literarisch viel Packenderes, erinnere ich mich dieser Speisekammer; was mich in der Einsicht bestärkt, daß ich ein »Hamstergemüt« habe.

Seit sich zu diesem Gemüt auch ein Haus gesellt hat, habe ich auch eine Speisekammer. Ich liebe sie ungemein, mein zufriedener Blick schweift oft über ihre Regale.

Seit ich diese Speisekammer habe, koche ich nicht mehr nach dem Bedarf meines Haushaltes Marillen ein, sondern dem Fassungsraum der »Speis« gemäß. Manchmal kaufe ich auch eine besonders hübsche Dose, obwohl ich kein gesteigertes Interesse an ihrem Inhalt habe. Als Speisekammerzierstück leiste ich sie mir.

Aber die echte Vorratshaltung im 20. Jahrhundert geschieht leider in der Kühltruhe, und ich gestehe, so wohlgefällig, wie mein Blick auf den Speisekammerregalen zu ruhen pflegt, ist er noch nie in die Kühltruhe gefallen. Ganz im Gegenteil! Der Kubikmeter steinharte Nahrung, plastikgebeutelt und silbergewickelt, bedrückt mich.

Das Wissen, daß sämtliche vordere Stelzen aller Schweine, die wir gegessen haben, im Truhengrund vor sich hinfrösteln, grämt mich ebenso wie das Nichtwissen, ob noch Petersilie und wenn ja: gehackt, ganz, in Alu, in Dose, oben, unten oder rechts oder links, in dem vereisten Ding lagert.

Ja, ja, ich weiß schon, Zetterl anhängen, Pickerl kleben. Und außen an der Truhe eine Liste, wo man einträgt, was man eingefüllt und entnommem hat. Aber erstens bin ich nicht Truhenalleinbenützer. Und zweitens: Wenn ich meine Tochter zum Abschied mit eisiger Nahrung überhäufe, damit sie – alleinlebend – nicht verhungere, drückt mir der Abschiedsschmerz nicht gerade den Stift zum Listenausfüllen in die Hand.

Und drittens hätte ich die Eierschwammerl wirklich nicht beschriften müssen! Eierschwammerlgelb erkenne ich! Auch vereist! Ich konnte doch nicht ahnen, daß ein Unmensch ein Resterl Kaiserschmarren »probehalber« in die Truhe tat. Recht geschieht dem Unmenschen jetzt, daß er im Jägerschnitzel Kaiserschmarrenbröckerl bestaunt.

Und überhaupt! Die schönste Truhenordnung befreit mich nicht von den vorderen Stelzen! Auch ohne Liste merke ich, daß meine Kühltruhe langsam zur Schweinshaxlgruft entartet!

Abspülen spielen

Ein Geschirrspüler ist kein Möbelstück, das die neuzeitliche Küche zieren soll, sondern ein Arbeitsgerät, das dem, der es besitzt, lästige Arbeit erspart. Das sieht nach etlichen Jahren der Ablehnung gegen dieses Gerät sogar mein altes Mutterl ein.

Sie hat ihr Argument »Des Zeug braucht zum Waschen doppelt so lang wie ich« aufgegeben und benutzt »des Zeug« mit Leidenschaft.

Energiesparend ist so ein Geschirrspüler angeblich auch. Das hat man uns vorgerechnet! Obwohl man bei dieser Rechnung vergessen hat, die Energie aufzurechnen, die es braucht, dieses Gerät zu erzeugen, zu vertreiben und dafür auch noch Werbung zu machen.

Dem Benützer jedenfalls spart das gute Stück eine Menge an Energie und Arbeit. Soviel Arbeit allerdings, wie es einsparen könnte, spart es in vielen Familien nicht, denn ausgehend von dem sehr richtigen Grundsatz, daß nur ein wirklich vollgefüllter Geschirrspüler effizient genutzt wird, hantieren viele Leute – ich auch – ungefähr so:

Man eilt mit einer schmutzigen Tasse und einem ebensolchen Teller zum Geschirrspüler und merkt, daß in den Körben kein Platz mehr für Tasse und Teller ist. Dann überblickt man die Lage genauer und sieht gewisse Möglichkeiten!

Man dreht einen Häferlhenkel, schiebt ein Glas einen Zentimeter nach, wechselt hierauf den Standort von drei Teetassen, gruppiert noch zwei Kompottschüsserl um und ein Milchkanderl und hat damit Platz für die Tasse geschaffen.

Hierauf betreibt man das gleiche Spiel in der unteren Etage der Maschine und hat nach allerlei Umräumen schließlich auch für den Teller ein Platzerl frei.

Stolz klappt man dann den Geschirrspüler zu und verdrängt den einsichtigen Gedanken, daß man in der Zeit, die man aufs Umarrangieren des Spülerinhalts verbraucht hat, leicht ein ganzes Kaffeeservice händisch hätte waschen und trocknen können.

Aber das ist schon in Ordnung!

Ein Mensch ist schließlich keine Maschine! Er hat – gottlob – auch als Erwachsener noch einen gewissen Spieltrieb. Und irgendwo und irgendwann im grauen Arbeitsalltag muß er diesen Hang zum Spielen ja befriedigen. Und eine Tassen umgruppierende Hausfrau wirkt noch allemal seriöser als eine, die mit Legosteinen spielt.

Bügel-Gedanken

In einem Fernseh-Interview mit Patricia Highsmith hörte ich die berühmte Schriftstellerin sagen, daß sie die Tätigkeit des Bügelns mit großem Genusse ausübe, weil sie bei dieser stur gleitenden Beschäftigung schöne und für ihr literarisches Schaffen brauchbare Gedanken fassen könne.

Potzeiderdaus!

Da kam ich mir wieder einmal kleinkariert wie ein Pepitakittel und schäbig wie ein Secondhand-Trenchcoat vor! Da sieht man eben, wie sich wirklich große Literaten von einer Person wie mir, die ihre kleine Schriftstellerei mühselig vor sich hinkurbelt, unterscheiden.

Mache ich mich ans Bügeln, betrachte ich zuerst einmal grämig den überquellenden Wäschekorb und fluche in mich hinein. Nichts literarisch Verwertbares fluche ich, sondern in etwa: »Diese irren Weiber! Müssen sie sich denn dreimal am Tag umziehen? Man könnt' ja meinen, das wär' die Wäscherei von einem Mädchenpensionat!«

Dann konzentrieren sich meine Gedanken ganz auf Frottee! Listig hole ich Handtücher, Waschlappen und Badetücher aus dem Wäscheberg. Diese Dinger zu bügeln, baut mich auf. Das macht nicht viel Mühe, und der Wäscheberg schrumpft rapide, und die Stöße auf dem Tisch gewinnen an Reputation!

Hierauf ziehe ich Socken aus dem Wäschehaufen. Und wieder sind meine Gedanken nur auf Socken gerichtet; Hochstimmung überflutet mich, wenn ich zu jedem Socken einen Partner finde.

Getrübt wird das Erfolgserlebnis allerdings dadurch, daß etliche Sockensohlen unschön verfärbt schillern. Grün die roten, rot die grünen, gelb die weißen. Worauf ich mir Gedanken über die Farbechtheit von Schuhleder

mache und herausfinde, daß die Höhe des Schuhpreises auf diese keineswegs einen Einfluß haben kann.

Beim Bettwäschebügeln dann denke ich an meine Großmutter und ihren Wäschekasten mit den wunderschönen, gleichmäßigen, noch durch Bänder verzierten Wäschestapeln. »Sorry, Oma«, murmle ich schuldbewußt, falte die Leintücher, lasse das Eisen übers Achtfachlinnen gleiten und erzeuge einen Stapel Leintücher, dem meine Oma den Aufenthalt in ihrem Kasten entschieden verwehrt hätte.

Die Herrenhemden hebe ich mir bis ganz zum Schluß auf. Zu denen brauche ich am längsten. Vielleicht sollte ich an ihnen das Fassen von schönen literarischen Gedanken erlernen. Zutrauen würde ich mir das schon!

Aber ob mein Mann bereit ist, querplissierte Hemdbrüste anzunehmen?

Erträumte Stunden des Alleinseins

Menschen, die andauernd von etlichen Familienmitgliedern Tag und Nacht umgeben sind – Hausfrauen und Mütter üblicherweise –, ersehnen oft nichts mehr als ein bißchen Ruhe, ein wenig Stille und einen Hauch von Einsamkeit. Sie träumen von ein paar Stunden, wo niemand ein Butterbrot gestrichen haben will, wo niemand einen Hosenzipp eingenäht haben will, wo niemand um eine Tasse Kaffee bittet.

In diesen erträumten Stunden würden auch keine schrillen Kampfschreie aus dem Kinderzimmer dringen, und die Oma würde nicht zum hundertelften Mal erzählen, wie ihr »endgültiger Bruch mit Tante Erna« seinen Anfang nahm.

Keiner wollte, daß man ihn Vokabeln abfragt und sein blaues Hemd bügelt. Auch den rosa Buntstift müßte man nicht suchen. Und »Wer zuerst angefangen hat«, ginge einen gar nichts an.

Niemand wollte irgend etwas. Ganz für sich selber wäre man da und könnte – was man sonst nie kann – endlich tun, wozu man Lust hätte.

Und dann, eines unerwarteten Tages, ganz plötzlich und unvorbereitet, sind die erträumten Stunden da!

Der Ehemann ist mit einem Freund zum Fischen, die Oma fährt ihrem fünfzigsten Maturatreffen entgegen, und die Kinder, samt Hund, wurden von milden Freunden zum Baden mitgenommen.

Jetzt hat man sie, die erträumten Stunden! Beglückt und fassungslos nimmt man es zur Kenntnis. Und viele unter uns gibt es, bei denen überwiegt die Fassungslosigkeit. Sie können mit dieser Kostbarkeit nichts anfangen.

»Zuerst wollte ich ja schlafen, einfach nichts als schlafen«, sagte mir eine Freundin, »aber dann habe ich die ganze Wohnung gesaugt!«

Oder: »Eigentlich wollte ich den Tag zum Lesen benutzen, aber dann habe ich die Kästen komplett umgeräumt. Dazu komme ich ja sonst nie!« Oder: »Ich war meine Freundin Eva besuchen. Aber wir sind gar nicht richtig zum Tratschen gekommen. Ihre drei Kinder waren so lästig!«

Mit dem Alleinsein ist das halt so eine sonderbare Sache! Ist man es nicht gewohnt, ersehnt man es zwar, kann es aber nicht. Ist man es gewohnt, kann man es zwar, verabscheut es aber wie kaum etwas anderes im Leben.

Dies bedenkend, erscheinen mir die armen Frauen, die erträumte Einsamkeitsstunden sinnlos vergeuden, als ziemlich glückliche Wesen.

Mütter ... wollen gebraucht werden

Mütter wollen gebraucht werden

Mütter und kinderlose Frauen können natürlich innig miteinander befreundet sein, sich prächtig verstehen und bei allen möglichen Problemen gleicher Meinung sein, aber wenn es um »die Kinder« geht, dann treten doch oft enorme Unstimmigkeiten zwischen ihnen auf.

Sagt da – zum Beispiel – die Kinderlose: »Ja siehst du denn nicht, daß sie dich nur ausnutzen?«

Die Mutter schüttelt den Kopf, ganz energisch, ganz empört. Ihre Kinder? Ausnutzen? Einfach lächerlich!

»Na hör einmal«, sagt die Kinderlose. »Ich sehe ja ein, daß man für kleine Kinder immer parat sein muß! Aber die deinen sind ja erwachsen! In ihrem Alter waren wir schon total selbständig!«

»Meine Kinder sind total selbständig«, sagt die Mutter.

Die Kinderlose lacht hämisch und fährt fort: »Also wann bitte, kommen sie zu dir? Sie kommen, wenn sie Lust auf ein schönes Essen haben, sie kommen, wenn ihnen das Geld ausgegangen ist, sie kommen, wenn sie Trost und Zuspruch brauchen.

Wenn sie keine Lust haben, den Pullover fertigzustrikken, dann bringen sie ihn dir!

Wenn sie eine Party machen, dann holen sie dich zum Gulaschkochen!

Sie kommen immer nur, wenn sie etwas brauchen!

Wenn es ihnen gut geht, wenn sie nichts brauchen, dann sehe ich sie nie bei dir!«

Die Mutter schaut verwirrt und ratlos. Um Himmels willen, denkt sie, was stellt sich die Gute eigentlich vor?

Der Gedanke, ihre Kinder könnten zu jemand anderem gehen, wenn sie ein »schönes Essen« haben wollen, stört die Mutter.

Die Vorstellung, ihre Kinder könnten sich von jemand

anderem trösten und Geld geben lassen, ist ihr eine schreckliche.

Und daß irgendwer – außer ihr selbst – für die Tochter Gulasch kocht und aus einem halben mißglückten Pullover einen ganzen gelungenen macht, kommt der Mutter einfach absurd vor.

Eine echte Horrorvision ist es, wenn sich die Mutter vorstellt, ihre Kinder kämen einfach bloß zu Besuch, säßen friedlich bei ihr herum und brauchten rein gar nichts von ihr.

Aber einer kinderlosen Freundin kann man das nicht erklären.

Mehr als »du bist ja verrückt« wäre da an Verständnis nicht zu erwarten.

»Wir-Mütter« und ihre Schulprobleme

Heute sagte mir eine Freundin am Telefon, daß für sie nun wieder die schreckliche Zeit der Qualen und Aufregungen, der Sorgen und Kümmernisse angebrochen sei. Den Grund für diesen traurigen Seelenzustand formulierte sie folgend:

»Die Ferien sind aus! Wir gehen ja jetzt wieder in die Schule!«

Es ist nicht so, daß meine liebe Freundin im zweiten Bildungsweg noch einen Beruf erlernte und dadurch Kümmernisse hätte. Sie hat bloß einen Sohn, der in die Schule geht. Und sie ist eine WIR-MUTTER.

Man kann von ihr auch hören: »In Englisch haben WIR ein Genügend!« Und: »In Turnen sind WIR der Beste!« Und: »Der Mathe-Professor mag UNS nicht!« Wobei die letzte Feststellung tatsächlich zutreffen könnte, denn viele Mathematiklehrer haben etwas gegen Mütter, die dreimal pro Monat bei ihnen vorsprechen und Beschwerden einbringen und angebliche Benachteiligungen anklagen.

Auch die geseufzte Aussage dieser WIR-MUTTER: »WIR müssen heute noch einen Aufsatz schreiben!« entspricht der Sachlage, denn sie schreibt wirklich zusammen mit ihrem Sohn den Aufsatz. Korrekt müßte sie sogar sagen: »Ich muß heute noch einen Aufsatz schreiben«, denn der Arbeitsanteil, der beim Aufsatzschreiben auf den Sohn entfällt, ist ein minimaler; er läßt sich diktieren und seufzt dabei.

Aber so kleinliche Unterscheidungen treffen WIR-MÜTTER nicht.

Sie haben die Anliegen ihrer Kinder so sehr zu ihren eigenen gemacht, daß sie tatsächlich unter den schlechten Noten ihrer Kinder so leiden, als wären sie selber benotet worden.

Und nicht nur, wenn es um die Schule geht, auch sonst

im Leben tut sich eine WIR-MUTTER schwer mit der treffenden Wahl der persönlichen Fürwörter.

»WIR haben heuer schwimmen gelernt«, sagt die WIR-MUTTER, die seit zwanzig Jahren schwimmen kann. Und sie sagt auch: »WIR fürchten uns in der Nacht nicht mehr!« Und: »WIR machen nicht mehr in die Hose!«

Die Kinder der WIR-MÜTTER allerdings beherrschen die treffende Auswahl der persönlichen Fürwörter exakt. Sie sagen zu ihren Müttern:

»ICH habe schwimmen gelernt!«

Und:

»DU hast einen Fünfer bekommen!«

Recht geschieht den WIR-MÜTTERN!

Wahnwitz um Burlis Schulaufgaben

Folgende Geschichte entspringt nicht meiner verqueren Phantasie, sondern hat sich tatsächlich zugetragen:

Burli kommt von der Schule heim. Die Mama nimmt ihm die Schultasche ab, schält ihn aus den Überkleidern und fragt: »Burli, was hast du auf?«

Burli hebt ein Bein, damit die Mama den Schuh abziehen kann, und sagt: »Nix!«

Aber die Mama kennt ihren Burli! Unkonzentriert und verspielt ist er! Immer vergißt er, was auf ist!

Die Mama zieht dem Burli Patschen an, nimmt die Schultasche, holt die Hefte heraus, blättert. Aber den Heften ist auch kein Hinweis auf die Aufgabe zu entnehmen. So geht die Mama ans Telefon und ruft bei der Mutter vom Michi an und erkundigt sich nach der Aufgabe.

Die begonnene Zeichnung sei fertigzumachen, erfährt sie.

Die Mama entleert die Schultasche komplett und findet trotzdem keine Zeichnung. »Burli, die hast du wieder einmal in der Schule vergessen«, stöhnt sie.

Sie stopft den Burli in Schuhe und Janker, stülpt ihm die Mütze über und eilt mit ihm zur Schule, zum Schulwart.

Dem erklärt sie die Sache, und er läßt sie in die Klasse. Im Pult vom Burli sind eine Brotrinde und ein Taschentuch, aber keine Zeichnung.

»Der Nachbar wird's eingesteckt haben«, mutmaßt der Schulwart.

Die Mama verläßt die Schule und löchert den Burli nach der Adresse vom Sitznachbarn. Der Burli weiß, daß der Otti im Gemeindebau wohnt.

Die Mama eilt dorthin. Dreizehn Namenstafeln an diversen Stiegen studiert sie, dann wird sie fündig. Mit dem

Lift geht's hoch, an einer Tür wird geklingelt, aber der Otti lehnt es ab, Burlis Zeichnung zu haben.

Die Mama stammelt Entschuldigungen und kehrt – samt Burli – geschlagen nach Hause zurück.

Beim Haustor treffen sie den Xandi, und der sagt der Mama, daß der Burli seine Zeichnung schon in der Schule fertiggemacht und abgegeben hat.

Da fällt der Mama ein Stein vom Herzen! Was ja nicht weiter verwunderlich ist. Verwunderlich ist nur, welche Sorte von Steinen Mütter am Herzen tragen können.

Es wäre schon übertrieben, würde der Burli um eine verschollene Zeichnung einen Spektakel inszenieren.

Daß aber die Mama Burlis Agenden zu den ihren macht und hinter einem DIN-A4-großen Ölkreidenmann herjappelt, als ginge es ans Leben, ist heller Wahnwitz; der allerdings mit schöner Regelmäßigkeit vielerorten im Lande von treusorgenden Mamas veranstaltet wird.

Kinder lieben Kitsch

Ein relativ kleines, aber doch ziemlich lästiges Problem ist in vielen Familien der makabre Schönheitssinn von Kindern. Kinder lieben Kitsch!

Einen Plastikgartenzwerg finden sie wesentlich schöner als die Venus von Milo. Einem Abziehbild mit schweinsrosa Rosen geben sie den Vorzug vor einer Emailminiatur aus dem Biedermeier.

Da Kinder aber mit der Venus von Milo und Biedermeierminiaturen wenig zu schaffen haben, wirkt sich das kaum auf das Zusammenleben mit ihren Eltern aus. Aufgeschlossene Eltern nehmen es auch lächelnd hin, daß ihr Kind nicht nach der edlen Kalbsledermappe für die Schulhefte giert, sondern nach einem regenbogenfarbenen Plastikungeheuer mit einem silbernen Batman drauf.

Schwieriger wird die Sache schon, wenn es um Kleidung geht. Man will seine Kinder ja nicht unterdrücken! Man will ihnen ja den eigenen Willen lassen!

Aber muß man da wirklich soweit gehen, daß man seiner kleinen Tochter – genau nach Wunsch – einen zitronengelben Rock mit rosa Zickzackstreifen häkelt und orangenfarbene Noppen in die Streifen einarbeitet?

Und wenn man sich schon zu diesem Wahnsinnswerk hergibt, muß man mit einem derart gekleideten Kind auch außer Haus gehen? Oder darf man sagen: »Wenn du mit mir fortgehst, zieh bitte etwas anderes an!«

Noch schwieriger wird die Sache, wenn es um Anschaffungen geht, die viel Geld kosten. Etwa um eine neue Kinderzimmertapete. Gut zwanzig modische, ästhetisch einwandfreie Tapetenmuster bieten wir und der Verkäufer dem Kind an, doch das Kind greift gierig nach einem bordeauxroten Samtimitat mit Goldprägung. »Die ist am schönsten!« sagt es.

Nur sehr großzügige Eltern beschließen dann, daß es

gutes Recht ihres Kindes sei, in einer bordellroten Kitschkammer zu hausen!

Ganz schwierig wird die Angelegenheit, wenn die lieben Kleinen schenken, was ihrem Geschmack entspricht. Geschenke von Kindern soll man besonders ehren! Aber ehre einer eine Urne, die mit kleinen Müschelchen beklebt ist und als Blumenvase dienen soll. Aber hänge sich einer eine Kette um den Hals, die aus den Restbeständen einer Kronlusterfabrik aufgefädelt wurde!

Beim Problem Kinderkitsch kontra Erwachsenenästhetik ist die einzige Lösung: abwarten! In ein paar Jahren ändert sich die Lage. Da belächeln dann die großgewordenen Kleinen unseren Pulli und unsere Tapete und murmeln: So ein Kitsch!

Schmalzsemmeln mit Schoko-Streusel

Kinder haben, wenn es um Nahrung geht, oft recht sonderbare Neigungen. Diese Neigungen sind einerseits einer aktuellen Mode unterworfen. Sonst könnte es nicht sein, daß plötzlich fast alle Kinder nach Spaghetti (ohne Sugo, nur mit Ketchup) gieren und ein Jahr später fast alle Kinder Pommes frites (ohne Fleisch, nur mit Mayonnaise) lieben.

Doch unabhängig von momentanen Modeströmungen halten sich auch eisern uralte Kindervorlieben: roher Teig zum Beispiel!

Bei dieser Vorliebe wage ich aber nicht zu entscheiden, ob die Kinder tatsächlich den Geschmack des mehligen, klebrigen Zeugs mögen oder ob sie bloß Spaß daran haben, der Mutter während des Kochens lästig zu fallen.

Das ist nämlich ein schönes, uraltes Spiel: Die Mutter halbiert fünfzehn Stück Zucker, entkernt dreißig Marillen und knetet Teig, der gerade reicht, dreißig Marillen zu umhüllen, und röstet Brösel in exakter Menge. Und dann kommt das Kind und zupft vom Teig und ißt Zuckerstücke und stopft die gerösteten Brösel in den Mund und futtert entkernte Marillen.

Und die Mutter jammert, daß das Kind das lassen möge, weil der Papa und die Geschwister sonst nicht ausreichend ernährt werden können.

»Jetzt ist aber Schluß!« ruft die Mama bei jeder Marille, bei jedem Stück Teig, das im Kindermund verschwindet. Weil sie aber nur jammert und das Kind nicht wirklich am Zugreifen hindert, kommt das Kind zu der Meinung, daß es der Mutter von allen Familienangehörigen der liebste ist. Sonst würde die Mutter Papas Knödel ja besser verteidigen!

Abgesehen von den großen Trends im Kindergusto gibt es natürlich noch die individuellen Geschmacksabartig-

keiten: Schmalzsemmel mit Schoko-Streusel bestreut. Oder Buttereinbrenn, unaufgegossen, aber gezuckert. Sogar von Rollmöpsen auf Leibniz-Keksen habe ich schon gehört.

Wenn uns der sonderbare Kindergeschmack zu Hause auch manchmal mit Abscheu erfüllt, in Restaurants, besonders in vornehmen, teuren, lernen wir ihn schätzen:

Gelangweilt liest sich das Kind durch alle sündteuren Köstlichkeiten der Speisekarte und bestellt dann »Nudeln ohne alles« und sammelt von den Nachbartischen die Ketchupflaschen ein.

Die Gefahr, daß uns unsere Kinder arm essen, besteht also nicht.

Schlechter Umgang

Mütter, die für ihre Kinder immer nur »das Beste« wollen, neigen dazu, dieses Streben auch auf den Sektor »Kinderfreundschaften« auszudehnen. Schon im Kindergarten entdecken sie ein reizendes Buberl oder Mäderl, das ganz prächtig zu ihrem Liebling passen würde.

Bloß der Liebling sieht das nicht ein und tut sich mit einem sonderbaren Kerl zusammen, der absichtlich schielt, Bääh macht und Rotzrammeln ißt. Nicht einmal sorgfältig arrangierte Kinderfeste, wo die Mama dem Liebling alle wirklich netten und lieben Kinder einlädt, das Beste vom Besten sozusagen, können den Liebling bekehren.

Er hält zu seinem Bääh-Sager und sammelt sogar für ihn in einer Zündholzschachtel Nasenrammeln!

Und so geht das weiter. Volksschule, Turnverein, Gymnasium, Tanzschule, Sommer- und Winterurlaub, nie sucht sich der Liebling Freunde, die seiner Mama gefallen. Lauter Fürchterlinge schließt er in sein Herz! Und die, das merkt die Mama doch, haben einen üblen Einfluß auf ihn. Andauernd verleiten sie ihn!

Zum Fußballspielen statt zum Lernen, zum Schuleschwänzen, zum Kaugummiklauen, zum Schundlesen. Und zum frühreifen Treiben mit dem anderen Geschlecht natürlich auch! Von allein nämlich wäre der Liebling nie, aber schon gar nie, auf solche Sachen gekommen! Und da hilft nichts! Auch wenn man den Klassenvorstand bittet, er möge den Liebling von diesem »Abschaum« wegsetzen. Zäh und unbeirrbar hält der Liebling, auch über sieben Bankreihen hinweg, zum »Abschaum«.

Allen Müttern, die dieses Problem zu haben meinen, sei gesagt:

Der gräßliche Freund des Lieblings, dieser »Abschaum«, hat auch eine Mutter, und es ist ganz leicht möglich, daß sich die auch die Haare rauft und über das gräßliche Kind, den »Abschaum« klagt, den sich ihr Liebling zum Freund genommen hat.

Es kann sogar sein, daß diese Frau bereits einen Tag vor Ihnen beim Klassenvorstand war und gebeten hat, ihrem Sohn einen anderen Platz zuzuweisen, auf daß er nicht mehr unter »schlechtem Einfluß« stehe. Natürlich hat diese Frau damit nicht recht! Wo wird sie denn! Ist ja klar! Aber die Sache einmal so zu betrachten, könnte für Mamas, die Schwierigkeiten mit den Freunden ihrer Kinder haben, doch ein kleiner Denkanstoß sein.

Sex-Kunde: Der Storch in der Schule

Nicht an jeder Schule lernen Schüler gleich viel. Wer am Gymnasium X Matura gemacht hat, kann allgemeinwissender sein als der, der am Gymnasium Y maturiert hat. Und wer am Gymnasium X bei Professor Y war, kann weniger wissen als der, der am selben Gymnasium seine Jahre bei Professor Z abgesessen hat.

Schüler, die einen Schulwechsel hinter sich haben, wissen davon oft ein traurig Lied zu singen. Angeblich gibt es hierzulande sogar ein West-Ost-Gefälle, was heißen soll, daß eine Schule in Vorarlberg ganz andere Ansprüche an die Schüler stellt als eine Schule in Wien.

Aber die Grundanforderungen, die ein Schultyp an Schüler stellt, sind doch – trotz diverser Gefälle und Lehrertypen – die gleichen.

Ohne Caesar und Tacitus, ohne Gleichungen mit drei Unbekannten und dem Integral geht es nicht. Schiller, Goethe, Brecht, die Keilerei von 333, das Gebiß des Löwen und allerhand mehr muß einfach jeder Schüler einmal zur Kenntnis nehmen. Ob er es sich auch merkt, ist dann eine andere Frage.

Aber für ein Unterrichtsfach, nämlich für die Sexualkunde, trifft nicht einmal diese minimale Übereinstimmung zu. Es gibt Volksschüler, die plaudern über Zeugung, Schwangerschaft, Empfängnisverhütung und Zärtlichkeit wie eine Aufklärungsfibel, und es gibt Volksschüler, die würden – käme es nur auf die Schule an – noch an den Storch glauben.

Man kann Maturanten treffen, die ehrlichen Herzens sagen: »Sexualkunde? In meinen zwölf Schuljahren nie was davon gehört.«

Andere geben an: »Haben wir voll gehabt. In Biologie, in Religion, vom Klassenvorstand noch extra, ein Arzt war auch da. Und Filme haben wir gesehen.«

Und wieder andere sagen schaudernd: »Nichts wie Geschlechtskrankheiten haben wir durchgenommen. Aber die zum Grausen ausführlich. Dauernd der harte und der weiche Schanker und die gehirnerweichende Lues.«

Von »Anfangsschwierigkeiten bei einem heiklen Unterrichtsfach« läßt sich ja wohl mittlerweile nicht mehr gut reden.

Nicht schön langsam, sondern häßlich hurtig müßte da etwas geschehen. Dabei ist mir unbegreiflich, daß sich die Lehrer nicht mit Feuereifer auf die Sexualität stürzen. Lehrer klagen doch immer über das Desinteresse der Schüler. Beim Thema Sexualität hätten sie endlich ihr wißbegieriges Publikum.

Mütter und erster Liebeskummer

Eine der schwierigsten Angelegenheiten im Umgang mit halbwüchsigen Kindern ist die mütterliche Haltung zu minderjährigem Liebeskummer. Da benimmt sich meistens auch die sensible Mutter völlig daneben!

Die Sache ist ja auch verzwickt. Einerseits weiß die Mutter mit gutem Erinnerungsvermögen an längst verjährten Liebeskummer, daß sie damals mit dem, was ihre Mutter an Trost und Zuspruch parat hatte, nicht zufrieden war. So wie seinerzeit ihre Mutter will sie nicht sein.

Sprüche wie »In zwei Jahren lachst du darüber« oder »Andere Mütter haben auch schöne Söhne« sind also tabu für sie.

Anderseits merkt sie aber doch, daß sie den Liebeskummer der Tochter oder des Sohnes nicht ernst nehmen kann. Das heißt: Den Kummer nimmt sie schon ernst, nur der Anlaß dafür erscheint ihr nichtig!

Daß die »erste Liebe« früher oder später in die Brüche gehen wird, war ihr ja von Anfang an klar. Als kluge Frau fände sie es gar nicht wünschenswert, daß Sohn oder Tochter ein Lebtag lang an der »ersten Liebe picken bliebe«!

Doch solche Überlegungen sind garantiert nicht die, die ein vom Liebesleid gebeutelter Jugendlicher hören mag. Was er hören mag, merkt die Mutter, wenn die Intimfreunde und -freundinnen zu Besuch kommen.

Da werden dann, natürlich hinter verschlossenen Türen, stundenlang die Scherben der gebrochenen Liebe besichtigt und sortiert. Da auch geschlossene Türen nicht schalldicht sind, kriegt die Mutter mit, wie so ein Jugendliebeskummer verhandelt wird.

Sie hört: »Und da hat er gesagt ..., und dann habe ich gesagt ..., und dann hat er gesagt«, und die Intimfreundin fragt erschüttert: »Und was hast du ihm dann gesagt?«

Aber einer Mutter steht so eine Taktik wohl nicht zu. Die Intimfreundin nimmt ja echten Anteil an den ellenlangen »Hat er gesagt, hab' ich gesagt«-Monologen.

Die Mutter müßte einen guten Teil ihrer Anteilnahme heucheln und könnte nicht verhindern, daß sie zwischendurch ans Nachtmahlessen und anderen unwichtigen Kram denkt. Und das würde die Liebeskranke denn doch gleich merken. Was also tun?

Mein einziger Rat wäre: Lieb sein und den Mund halten! (Hilft's nicht, richtet es wenigstens nicht zusätzlichen Kummer an.)

Zwiegespräch mit einem Kuchen

Menü von A bis I: Was tut Ihnen gut?

In den letzten Jahren hat sich in meinem Freundeskreis allerhand getan! Man ist durchwegs nahrungsbewußt geworden. Man ißt nicht mehr, was einem schmeckt, sondern was einem »guttut«.

Allerdings divergieren die Meinungen darüber, was zum gesunden Geist den gesunden Körper fit hält, ziemlich.

Freund A., der alte Schweinsbratenadorant, lehnt Schweinefleisch, auch Schinken, entschieden ab. Und bei dem Wort »Wurst« verzieht er das Gesicht.

Freundin B. hat es mit den linksdrehenden und rechtsdrehenden Säuren. Eine Sorte davon, ich habe vergessen welche, meidet sie wie die Pest.

Freund C. ist wie die CIA hinter dem KGB hinter Normal-Suppenwürfeln und Rindsuppenbeilage in Speisen her. »Harnsäure«, sagt er. »Gicht«, mahnt er. »Eigenes Grab schaufeln«, murmelt er.

Freundin D.s Darm stehen nur Gärungsbakterien zu, alles, was Fäulnis im Darm verursacht, lehnt sie ab.

Freund E. verfährt umgekehrt. Er darf nichts einnehmen, was sich gärend zersetzt.

Freundin F. ißt zwar allerhand, und es muß nicht einmal biologisch rein sein, aber sie futtert nur bis vierzehn Uhr. Zu vorgerückter Stunde nimmt sie bloß alte Semmeln und Magermilch zu sich.

Freund G. ist nicht wählerisch, doch roh muß seine Nahrung sein. Ob Fisch oder Karotte, ob Ei oder Krautkopf, die Nahrung hat dem Herd fernzubleiben.

Freundin H., die alte, gute Mehlspeistante, hat sich auch bekehrt. »Vollwertkost«, sagt sie. Gegen Mehlspeisen ist sie nicht, aber sie müssen aus Weizenkörnern erzeugt sein, die man selber gemahlen hat. Und dies kurz vor der Teigbereitung, weil sonst alles Gute am Weizen verloren ist. Und gesüßt müssen die Mehlspeisen natürlich mit Honig sein.

Richtig in Streit geraten kann Freundin H. mit Freund I. über dieses Problem, denn Freund I., der Einfaltspinsel, meint doch glatt, er täte sich etwas Gutes, wenn er mit braunem Rohzucker süßt.

Ich achte ja alle diese Freundesmeinungen über wertvolle Nahrung. Ich verstehe das! Aber die lieben Nachtmahleinladungen, bei denen die Freunde von A bis I so wohltuend um unseren Tisch versammelt waren, die kann ich seit Jahren nicht mehr aussprechen.

Ein Menü zu kochen, das A bis I zufriedenstellen würde, schaffe ich nicht.

Psychosomatische Fettsucht

Übergewicht haben mag niemand. Dick sein gilt als unschön und ungesund. Wer zuviel Speck am Leibe hat, will ihn reduzieren.

Nur sind leider die Ansichten darüber, wie das zu schaffen ist, sehr verschieden. Von der FdH-(Friß die Hälfte)-Kur über sämtliche Diäten bis zur Psychotherapie reichen die Vorschläge. Das ist verständlich, denn die Ursachen für Übergewicht sind auch sehr verschieden, und der Betroffene und der, der ihm rät, kennen die Ursache ja meistens nicht so genau.

Doch nun, sagt mir meine Freundin Susi, hat der Jammer ein Ende. Die Experten, sagt sie mir und wachelt mir dabei mit einem bedruckten Blatt Papier vor der Nase herum, haben herausbekommen, daß zu jeder Ursache für Übergewicht auch eine spezielle und charakteristische Form des Fettansatzes gehört. Auf dem Blatt Papier, mit dem Freundin Susi wachelt, sind die wichtigsten Formen von Fettansatz aufgezeichnet und die Ursachen daneben vermerkt.

»Reithosenspeck« lese ich, »kombinierte Fettsucht« lese ich, »Pneu«, »komplizierte Fettsucht«. Es gibt, erfahre ich, einen »nervösen Bauch«. Das ist ein länglicher Fettansatz am Bauch, von oben nach unten. Seine Ursache ist Streß!

Der »Pneu« hingegen, ein Fettring um die Mitte, hat Bewegungsmangel zur Ursache. Die »Reithose« ist durch eine Störung der Mengenverhältnisse zwischen Östrogen und Schwangerschaftshormon bedingt, und ein runder, großer Bauch kann ererbt sein.

Lagert das Fett an den Hüften, oben, hinten, außen sowie am Unterbauch, ist die Ursache eine Verbrennungsstörung. Bevor ich das aufschlußreiche Papier durchstudiert habe, nimmt es mir Freundin Susi aus der Hand.

Die Nougatstange, nach der ich greifen will, schnappt sie sich auch. Sie stopft den Nougat in den Mund, geht zum Spiegel, betrachtet ihr gleichmäßig über den ganzen Körper verteiltes Übergewicht, beäugt kontrollierend das aufschlußreiche Papier und spricht mit vollem Mund: »Ich hab's! Ich bin Bildtafel 7! Ich bin die große psychosomatische Fettsucht, weil ich überall dick bin. Ich habe mich bei gleichzeitig erhöhter Nahrungsaufnahme und Gewichtszunahme in mein Innerstes zurückgezogen!«

»Ursache?« frage ich.

»Seelischer Schock!« antwortet Susi.

»Hattest du einen?« frage ich.

»Muß ich ja wohl, wenn ich rundherum dick bin!« seufzt Susi.

Es geht halt nichts über den Glauben an Experten!

Neue Gäste-Gelüste

Im Laufe des letzten Jahrzehnts haben viele Menschen ihre Lebensgewohnheiten grundlegend geändert. Hat man oft Gäste bei sich, und diese auch über Nacht oder für ein ganzes Wochenende, merkt man diese Veränderung besonders deutlich.

Etliche der lieben Freunde, die früher in mehr oder weniger rasanten Autos bei uns vorfuhren, wandern nun an; in roten Wadelstutzen und Kniehosen, mit Rucksack und Blasen an den Fersen.

Diese »neue« Art der Fortbewegung verändert natürlich auch den Verlauf des gastlichen Abends gewaltig, denn Wanderer sind müde. Sie gähnen bereits beim Nachtisch und schlummern zu einer Zeit, zu der sie früher gefragt hätten: »Und was tun wir nun mit dem angebrochenen Abend?«, fest und tief in den Gastbetten.

Daher erheben sie sich wieder erstaunlich früh aus diesen und treiben sich putzmunter ums Haus herum.

Und der bemühte Gastgeber hat sich einen Wecker zu stellen, will er ein gastliches Frühstück bereiten. Dieses Frühstück ist meistens auch nicht mehr, was es einstens war.

Viele Gäste, die früher mit Kaffee und Spiegelei, Toast und Himbeermarmelade zu beglücken waren, brauchen heute Pfefferminztee und ein Löfferl voll Honig, ein Schälchen Müsli und ein Schnittlein 7-Korn-Brot.

Schnitzel, Schweinsbraten und Steaks sind ebenfalls keine Garanten mehr für Gästezufriedenheit.

Kräutersupperl, fritierter Schafkäse und Hirseauflauf, damit kann man die Gäste heutzutage beglücken.

Und manchem Menschen, dem man vor zehn Jahren zum Abschied ein Stück Hausgeselchtes mit auf den Weg gab, empfiehlt sich nun einen Riesenstrauß Schafgarbe oder Johanniskraut, gepflückt auf garantiert ungespritzten Wiesen, zu überreichen.

Mir soll es recht sein!

Sauerampfer einfrieren kommt sowieso billiger als Perlhuhnbrüste kaufen. Und dem 7-Korn-Brot merkt man kaum an, ob es frisch oder altbacken ist.

Die wohltuendste Veränderung an denen, die ihre Lebensgewohnheiten grundlegend geändert haben, ist aber die, daß sie vom Gastgeber des Nachts keine Schlafpulver und des Morgens keine Kopfschmerztabletten mehr einfordern.

Und Reservezigaretten muß man für sie auch nicht parat haben.

Wohlstand mit Zwangscharakter

Die Familie ißt. Es gibt Kalbsschnitzel in italienischer Sauce mit Nudeln. Und Parmesan zum Drüberstreuen. Und grünem Salat. Man mampft vor sich hin, die Mutter schaut in die Runde. »Schmeckt's?« fragt sie. (Sie fände es passend, ein gutes Essen mit guten Worten zu beloben.)

»Hmpf«, murmelt der Papa und stopft Nudeln unter den Schnurrbart. »Hmpf«, murmeln die Kinder und säbeln am Fleisch.

»Wie ich ein Kind war«, sagt die Mutter, »haben wir einmal die Woche Nudeln gehabt. Nudeln mit geriebenem Käs' drüber. Und sonst nichts dazu!«

Die Familienmitglieder nicken wohlwollend.

»Und wie ich den Papa geheiratet hab'«, fährt die Mutter fort, »haben wir einmal die Woche Nudeln mit italienischer Sauce und Käs' drüber gekocht!«

Die Familienmitglieder nicken wieder wohlwollend.

»Und jetzt«, sagt die Mutter klagend, »haben wir Nudeln und Käs' und Sauce und Kalbfleisch, alles auf einmal, und ihr würdigt es überhaupt nicht!«

Der Vater sagt: »Die Sugo-Nudeln damals, die waren mein Lieblingsessen!«

Das eine Kind sagt: »Nudeln mit Käs' sind Spitze! Die hab' ich bei der Oma gegessen!« Das andere Kind sagt: »Und Nudeln mit Mohn und Apfelkompott erst!«

»Oder Erdäpfel mit Butter!« Der Vater bekommt träumerische Augen.

»Aber am ganz besten ist der Nowak ihre Suppe«, ruft das eine Kind, und das andere erklärt: »Sie kocht Wasser mit Kümmel und schüttet das in eine Einbrenn mit Knoblauch! Schmatzofack ist das!«

Die Mutter ringt nach Fassung, sammelt die Teller ein und putzt das, was auf den Tellern verblieben ist, in die Salatschüssel zum restlichen Salat. Der Gedanke, ein

Hausschwein zu halten, liegt ihr nur aus Gründen der Wohnsituation fern.

»Na bitte!« sagt die Mutter, »gibt's eben ab heute nur mehr Einbrennsuppe und Erdäpfel und Nudeln!« Sie schreitet mit dem Tellerstapel zur Küche; vom Scheitel bis zur Patschensohle ganz Königin auf dem Weg ins Exil. Bei der Küchentür dreht sie sich um. »Erspar' ich mir pro Jahr einen Nerz!« ruft sie. Es klingt wie eine Drohung.

PS: In obig – als Beispiel – zitierter Familie findet so ein Gespräch jährlich einmal statt. Am Tage danach gibt es dann Einbrennsuppe. Und am nächsten Tag ist alles wieder beim alten und kein Nerz in Sicht.

Wohlstand kann nämlich Zwangscharakter annehmen.

Zwiegespräch mit einem Kuchen

Daß man mit Menschen vernünftig reden und sie gesprächsweise friedlich stimmen kann, weiß jeder. Daß man auch Tieren gut zureden kann, ist auch bekannt. In letzter Zeit ist es auch schon beliebt, mit Pflanzen zu reden, ihnen zu schmeicheln, sie zu loben und dadurch zu üppigem Wachstum zu verleiten.

Ich halte das für möglich! Ich halte das sogar so sehr für möglich, daß ich dazu übergehen werde, mit meinen Kuchen zu reden! Die haben eine Ansprache nämlich noch nötiger als meine Zimmerpflanzen.

Die Sache ist die: Ich habe da ein Tortenrezept. Als »Linseders Nußtorte« ist sie im Kochbuch ausgewiesen. 8 Eier, 11 dag Nüsse, 15 dag Zucker und 5 dag Brösel braucht man für die Köstlichkeit, und die Zubereitung des Teiges ist einfach. Blitzschnell geht das.

Im Backofen benimmt sich Linseders Nußtorte auch recht manierlich, geht artig hoch, bräunt sanft und läßt bei der Nadelprobe keinerlei Rückstände auf der Stricknadel zurück.

Aus dem Rohr geholt, klebt sie auch nicht an der Backform, sondern läßt sich mühelos stürzen. Aber von diesem Augenblick an verhält sie sich sehr unterschiedlich! Einmal verbleibt sie in ihrer schönen, zylindrischen Form, ein anderes Mal senkt sie sich trichterförmig, und zwar so heftig, daß sie in der Mitte nur mehr zwei Zentimeter hoch ist.

Letzteres tut sie immer dann, wenn sie für einen speziellen Anlaß bestimmt ist, wenn Gäste kommen, Geburtstag gefeiert werden soll oder sonst irgendeine höhere Festivität angesagt ist.

Backe ich sie aber bloß aus Jux und Tollerei, etwa weil mir meine Schwester gerade Nüsse geschenkt hat, denkt sie gar nicht ans Einsinken. So schön wie aus dem Rohr geholt, erkaltet sie auch, bleibt flaumig und zart.

Ich habe nicht die geringste Ahnung, warum sie derart infam reagiert. Aber ich werde sie redend überlisten.

»Du«, werde ich zu ihr beim nächsten Mal sagen, »wir feiern heute gar nichts! Wir haben keinen Anlaß für dich! Fall ruhig in dich zusammen! Damit machst du mir keinen Kummer! Und die Leute, die heute zu uns kommen, die sind ganz versessen auf speckige Torten! Die lieben das sehr!«

Ich bin überzeugt, sie wird reagieren wie gewünscht. Aber irgendwie ist es mir peinlich, mit jemandem ein Gespräch anzufangen, den ich kurz vorher mit einer Stricknadel komplett durchbohrt habe. Ob man sich da zu Gesprächsbeginn zuerst einmal entschuldigen muß?

Gute Tips gegen die Tücken von Torten

Vor etlicher Zeit erzählte ich an dieser Stelle von meinen Schwierigkeiten mit »Linseders Nußtorte«, die sich darin äußern, daß mir diese erlesene Mehlspeise nicht immer prächtig gelingt, sondern manchmal aus unerfindlichen Gründen und gerade immer dann, wenn sie für einen festlichen Anlaß herhalten soll, beim Auskühlen trichterförmig einsinkt.

Lieb und hilfreich, wie meine wohlwollenden Leserinnen nun einmal sind, bekam ich viel brieflichen Rat. Ich danke recht schön und sehr verwirrt!

Schreibt mir nämlich Frau A. aus B.: »Sie dürfen den Rand der Tortenform nicht einfetten!«, schreibt mir Frau C. aus D.: »Sie werden den in vielen Kochbüchern angegebenen, aber sehr dummen Rat befolgt haben, den Rand der Tortenform nicht zu fetten! Das ist Humbug! Fetten und bröseln Sie ihn ordentlich aus! Nur so geht es!«

Schreibt mir Frau E. aus F.: »Stürzen Sie die Torte sofort auf ein Backgitter«, schreibt mir Frau G. aus H.: »Lassen Sie die Torte in der Form erkalten, dann sinkt sie nicht ein!« Schreibt mir Frau I. aus J.: »Nehmen Sie ein Ei mehr als angegeben, der Schnee hält sie hoch!«, schreibt mir Frau K. aus L.: »Da Sie die Torte wahrscheinlich nach einem alten Rezept zubereiten, müssen Sie ein Ei weniger nehmen, weil man früher kleinere Eier verwendet hat!«

Schreibt mir Frau M. aus N.: »Die Backzeiten sind in den Kochbüchern für heutige Herde viel zu lang angegeben. Machen Sie schon in der Halbzeit die Nadelprobe!«, schreibt mir Frau O. aus P.: »Langsam backen ist das ganze Geheimnis! Bei 160 Grad eine geschlagene Stunde!«

Soll ich nun fetten und stürzen und ein Ei mehr nehmen oder länger backen?

Oder soll ich nicht fetten und in der Form erkalten lassen und ein Ei weniger nehmen und in der Halbzeit die Nadelprobe machen?

Oder fetten, aber ein Ei weniger nehmen, oder stürzen und ein Ei mehr nehmen, oder eine Stunde backen und fetten, aber nicht stürzen?

Mathematisch begabte Leserinnen werden errechnen können, wie viele Möglichkeiten an Kombinationen des Backerfolges aus diesen Ratschlägen zu ziehen sind!

Da lobe ich mir die gute Leserin Y. aus Z., die mir schreibt: »Ja wissen Sie denn nicht, daß Torten immer dann zusammenfallen, wenn sie besonders schön werden sollen?«

Sie & Er:
Man müßte nein sagen können

Entrümpelst du mich, entrümple ich dich

»Man muß entrümpeln«, sprach der Mann, mit dem ich den Haushalt teile, und schaute auf den Zwetschkenkrampus, der bei uns dort steht, wo bessere Leute eine beleuchtete Gondel haben. »Okay«, murmelte ich, nahm den Zwetschkernen vom Fernseher und tat ihn in den Mistkübel.

»Und was ist mit dem?« Der Partner fixierte einen Osterhasen. Ich lehnte ab. So lange ist Ostern noch nicht her, daß Hasen keine Lebensberechtigung mehr hätten.

»Und dieses?« Angewidert stupste der Partner an ein Gurkenglas, in welchem dürre Artischocken stecken. »Die sind schön!« rief ich. »Die sind staubig«, rief er.

Diese Behauptung war nicht zu widerlegen, da die Artischocken, erschüttert vom Stups, nicht nur feinen Staub, sondern auch hartes Laub und flaumige Gebilde abgaben, die sanft im Raume umherschwebten.

Ein Mensch, dem nach Entrümpeln ist, gibt nicht so leicht auf. Nach meiner Weigerung, mich von den Artischocken zu trennen, mußte ich meine Zigarettenkisteln verteidigen und die Olivenöldose. Wenn ich, bitte schön, aus dem Anblick einer uralten, leeren Dose ästhetischen Genuß ziehe, hat diese Dose eine echte Funktion auf meinem Nachtkastel!

»Aber die Schneiderpuppe!« sagte mein Partner. Ich gab zu, daß selbige keine echte Funktion habe, da ich keine 48er Rundbaufigur, Jahrgang 1907, besitze. Ich gab auch zu, daß das Monstrum gebrechlich ist. Aber ich mag es! Es wieder in den Keller, aus dem ich es geholt habe, zu tragen, ist mir unmöglich.

So unmöglich wie das Wegwerfen der Schachteln mit den alten 6000-Teile-Puzzles. »Schenk sie jemandem!« riet der Partner. »Geht nicht«, sprach ich, »da fehlen überall Steine!«

Da nahm mein Partner wortlos den Hut und entfernte sich. Und ich wandere jetzt herum, lasse mein Auge schweifen und liste auf: sechsunddreißig alte Batterien, ein Stoß gebrauchter Kalender, ein Spiel Karten ohne Herz-As, eine Lade voll Stoppeln, vier Einzelhandschuhe, ein Kubikmeter Zeitungen, fünf Westen ohne Anzug dazu, zwei nie gerauchte Pfeifen und ein brauner Koffer Marke »Rußland-Heimkehrer«.

Ich bin gewappnet auf des Partners Wiederkehr! Entrümpelst du mich, entrümple ich dich! Und des Ausganges dieser Aktion gewiß, hole ich mir den Zwetschkernen wieder aus dem Mistkübel.

Wenn schon nicht, denn schon nicht! Und gar so lange, schließlich, dauert es bis zum nächsten Nikolotag auch nicht mehr.

Man müßte nein sagen können

In vielen Familien, die ich kenne, gibt es eine sonderbare Sprachregelung – die Aufteilung und Zuordnung anfallender und lästiger Arbeiten betreffend.

Kehrt ein Mensch, spinnwebenverhangen und grau überstäubt, mit einer Flasche Wein aus dem Keller in die Wohnung zurück und spricht: »Man müßte den Keller wieder einmal ordentlich aufräumen!«, meint er damit schlicht und eindeutig, daß er zwar an einem gesäuberten Keller großes Interesse hätte, aber nicht daran denke, die schöne Kellerordnung selbst in die Wege zu leiten.

Auch der Seufzer »Man müßte das Auto einmal innen saugen und putzen!« weist diese Grundhaltung auf.

Und der Satz: »Wenn man die Kirschen nicht heute vom Baum pflückt, verderben sie noch!« stößt in das gleiche Horn.

»Man« tritt immer dann in Aktion, wenn einer eine Arbeit selbst nicht tun mag, aber nicht direkt wagt, jemand anderem diese Arbeit aufzutragen. »Man« sagt man dann, wenn die Sache, an der zu arbeiten wäre, nicht völlig eindeutig dem Besitze eines einzelnen Familienmitgliedes zuzuordnen ist.

Autos, Kirschbäume und Keller gehören zu dieser Kategorie von Dingen.

Außerdem sollte »man« sich natürlich auch des Werkzeugkastens annehmen, in dem etliche Kilo vermischter Nägel und Schrauben lagern. Und mit dem Kater, der so komisch geniest hat, sollte »man« den Tierarzt aufsuchen. Und den ätzend riechenden Hamsterkäfig müßte »man« frisch reinigen und mit frischer Streu versorgen.

Vor allem aber müßte »man« sich über die Abstellkammer hermachen, in der nichts mehr zu finden ist, weil Ski und Stöcke, Eislaufschuhe, Staubsaugerrohre, Zeltplanen, Luftmatratzen, Strohkörbe und eine Plastiksackerlsammlung dort heillos durcheinandergeraten sind.

Überall dort, wo sich keiner in der Familie zuständig fühlt, soll »man« an die Arbeit schreiten.

Daß »man« letzten Endes und in neunundneunzig von hundert Fällen »frau« sein wird, braucht nicht extra erwähnt zu werden. Und daß »frau« nach getaner lästiger Arbeit zu hören bekommt, daß »man« das ohnehin demnächst selbst erledigt hätte, wenn sich »frau« nicht vorschnell – wie immer – der Sache angenommen hätte, schon gar nicht.

Das Unding baumelt am Adamsapfel

Eine meiner Freundinnen sammelt ihres Mannes alte Seidenkrawatten, um daraus – über kürzer oder länger – einen Fleckerlteppich weben zu lassen.

Da kann ich nur staunen! Aus meines Mannes Krawatten, den seidenen wie den wollenen, den abgelegten wie den brauchbaren, ließe sich höchstens ein Untersetzer für eine große Teekanne weben.

Krawatten sind bei uns daheim Mangelware!

Auch in vielen anderen Haushalten muß ein ähnlicher Krawattennotstand herrschen. Sonst könnte es ja nicht sein, daß mit uns befreundete Männer zu gewissen Anlässen, wie Matura, Staatsprüfung, Begräbnis oder Hochzeit, bei uns Krawatten erbitten wollen.

Wir legen dann regelmäßig ein weinrotes Stück aus Seidentrikot vor, einem Luxus-Kuhstrick nicht unähnlich; haben aber in den seltensten Fällen Erfolg damit.

Man könnte sich ja nun fragen, warum so viele Männer Krawatten so wenig mögen, daß sie nicht einmal für Notfälle eine in Bereitschaft halten. Doch die Frage, warum es noch immer so viele Männer gibt, die sich gegen das Krawattentragen nicht zur Wehr setzen, erscheint mir noch dringlicher.

Tag für Tag, Jahr für Jahr so ein geknotetes Ding vom Adamsapfel bis zum Bauchnabel baumeln zu lassen, zeugt doch wahrlich von unendlicher Phantasielosigkeit!

Keine Frau wäre bereit, ihr Lebtag lang, im Berufsalltag wie zu festlichen Anlässen, stur und ständig ein und dieselbe Art von Brustzier – sagen wir ein Rüschenjabot – zu tragen und nur im Tupfenmuster oder Streifendessin des Undings Abwechslung zu finden.

Wozu dient denn so eine Krawatte? Wärmen tut sie nicht, schmücken tut sie selten, zur Not verdeckt sie einen unpassenden oder fehlenden Hemdknopf.

Aber der »korrekt gekleidete Mann« würde ja wohl den Verdacht, mit dem funktionslos baumelnden Ding bloß fehlende Knöpfe verdecken zu wollen, entrüstet von sich weisen.

Wahrscheinlich muß man die Krawatte nicht isoliert, sondern als Bestandteil des »korrekten Herrenanzugs« sehen, und dieser ist ja eher ein Uniformstück als ein Kleidungsstück.

Und sieht man die Sache so, ist ja alles klar. Uniformträger sind Soldaten, und gute Soldaten fragen nie »warum und wieso und wozu«, sondern gehorchen!

Wenn es sein soll, sogar dem Krawattenzwang.

Nur eine Prise vom Alkohol

Männer, die kochen, gehen – genau wie Frauen auch – sehr verschieden an diese Tätigkeit heran. Aber eines haben die meisten männlichen Köche, so Kochen nicht ihr Beruf ist, doch gemein. Sie haben etwas sehr Grüblerisches an sich und nehmen Kochbücher wesentlich ernster, als es den Produkten dieser Literaturgattung zusteht.

Männer sind eben exakte Durchdenker und schreiten mit angebrachter Genauigkeit ans Werk!

Leider sind aber die meisten Kochbücher der männlichen Genauigkeit nicht gewachsen.

Und dann betrachtet der arme Mann, den das Kochbuch eine Zehe Knoblauch zerquetschen hieß, mit gefurchter Stirn eine zerteilte Knoblauchknolle und ist ratlos, weil er da kleine und mittlere und große »Zecherln« erblickt und nicht wissen kann, welches dieser Zecherln vom Kochbuchautor gemeint sein mag.

Ein sehr kluger Mann hat mir auch schon erklärt, daß ich ins Fleischragout nicht vier Eßlöffel Wasser tun dürfe, sondern sechs geben müsse, weil das Kochbuch, nach dem ich das Ragout zubereitete, aus dem Jahr 1904 stammt und man damals wesentlich größere Eßlöffel benutzt habe.

Auch sah ich schon einen Herrn im Lexikon nachschlagen, um die genaue Definition des Wortes »Prise« zu erkunden. Und ein Herr meiner Bekanntschaft schwört auf ein ansonsten ziemlich reizloses Kochbuch, weil darin nie von »fünf Eiern« die Rede ist, sondern exakt von »12 dag Dotter und 12 dag Eiweiß«. Da weiß man, sagt er, woran man ist.

In einer Hinsicht allerdings nehmen viele Männer Kochbücher doch nicht sehr ernst.

So sie nämlich nicht gerade Mitglieder eines Abstinenzlerverbandes sind, schütten sie gern und reichlich Alkohol über Fleisch und Gemüse, in Soßen und Eintöpfe, wo kein Kochbuch der Welt dieses vorgesehen hat.

Und Alkohol, der so hochprozentig ist, daß er sich in der heißen Pfanne von selbst entzündet, ist dabei ihr Favorit.

Wenn dann das arme Huhn, durch Calvados betäubt und im Weißwein ersoffen, eine etwas makabre Gaumenfreude wird, dann sagt der männliche Koch entrüstet: »Tut mir wirklich leid! Aber wenn da bloß einfach irgendwas von einer Prise steht, dann kann ich doch nicht ahnen, wieviel Majoran ich hineintun soll!«

Taschenproblem und Chancengleichheit

Zu den vielen Dingen, die noch der Veränderung bedürfen, damit Gleichberechtigung zwischen Mann und Frau herrschen kann, gehört ohne Zweifel das Oberbekleidungs-Taschenproblem.

Wenn man Taschen – in oder an Kleidungsstücken – nicht nur als Zier, sondern als Behälter versteht, kann man keineswegs von Chancengleichheit für uns Frauen reden.

Geht mein Mann – ohne Mantel – aus dem Haus, trägt er mindestens zehn dieser praktischen Behälter an sich. Herrenoberbekleidungserzeuger haben sie ihm liebevoll aufgesteppt oder eingeschnitten.

Hosensäcke hinten und vorn, Sakkoinnentaschen, Sakkoaußentaschen und Sakkobrusttaschen, Hemdbrusttaschen und – wenn's vornehm zugeht – Gilettaschen.

Der bekleidete Mann ist total funktionsfähig! Zigaretten, Feuerzeug, Brillen, Schlüssel, Kugelschreiber, Messer, Behelfe zur Familienplanung, Kalender und noch etliches mehr führt er mit sich und hat trotzdem beide Hände frei.

Frauen hingegen steppt man üblicherweise sinnlose Klappen an Jacken, unter denen sich gar nichts oder lächerliche Seidenbeutelchen befinden, die so seicht geschnitten sind, daß sie nicht einmal einen Schlüsselbund beherbergen können.

Und die Hosen verpaßt man uns so eng anliegend, daß Kleingeld, in eine Hosentasche versenkt, zwar schmerzhaft den Beckenrand drückend, latent seine Anwesenheit kundtut, aber – in der Straßenbahn etwa – zum Fahrscheinkaufen nicht verwendet werden kann, weil man es aus der »gutsitzenden Hose« nicht rauskriegt; es sei denn, man benützte eine schlanke, lange Pinzette.

Alles, was Männer griffbereit am Leib artig verteilt herumtragen, müssen wir Frauen in der Handtasche schleppen und werden dann mild belächelt, wenn wir emsig kramen und ewig nichts finden.

Einziger Trost an der Sache ist, daß Taschen, besonders solche aus Futterstoff, ein kürzeres Leben haben als die Kleidungsstücke, in denen sie sich befinden. Eine Handvoll Kleingeld – zum Beispiel – macht einen Männerhosensack in kürzester Zeit funktionsunfähig.

Aber echter Trost ist das auch nicht.

Wer hockt schließlich da und flickt die Säcke und stellt damit die Chancenungleichheit wieder her?

Wir taschenunterprivilegierten Frauen!

Und jeder, der in regelmäßigen Abständen neue Säcke in Herrenhosen einzusetzen hat, weiß, daß einem diese Tätigkeit keinen Trost vermitteln kann.

Was man alles tun könnte, wenn ...

Ein paar Minuten für die Schönheit

Leute, die in Zeitschriften über Schönheitspflege schreiben, haben allesamt den Tick, zu behaupten, man brauche bloß »ein paar Minuten«, um »optimal« auszusehen, womit, nehme ich an, »so gut als möglich« gemeint ist. Besonders den nicht mehr ganz jungen Frauen, die in solchen Artikeln gern »reif« genannt werden, versprechen die Verfasserinnen, daß »ein paar Minuten pro Tag genügen, um den sichtbaren Alterungsprozeß aufzuhalten«.

Abgesehen von der berechtigten Frage, warum eine fünfundvierzigjährige Frau nicht wie eine fünfundvierzigjährige Frau aussehen darf, sind diese »paar Minuten pro Tag« eine unfromme Lüge!

Ich habe mir aus etlichen Artikeln zusammengesucht, was die »reife Frau« als Minimum an Körperarbeit zu leisten hat:

Um die Brüste nicht erschlaffen zu lassen, stemmt sie Hanteln dreißigmal zur Seite, nach oben und nach vorne. Dann massiert sie das Brustgewebe mit weicher Bürste, braust die Brüste mit kaltem Wasser und schmiert sie mit Brustcreme ein.

Hierauf wendet sie sich den Oberschenkeln zu, an denen das Bindegewebe so leicht erschlafft, massiert sie mit einem Luffa-Handschuh, arbeitet Spezialcreme ein und macht heiße und kalte Wechselduschen.

Nun kommt der Hals dran! Der kriegt einen Wickel mit lauwarmem Avocadoöl! Das ist gut gegen Falten.

Um Bauchansatz zu verhindern, wird gerudert; ohne Boot, in der Luft. Fußgymnastik ist für »reife Zehen« Pflicht! Und die Ellbogen darf man nicht vergessen. Die badet man in Öl. Sonst verraten sie das wahre Alter!

Dann braucht's nur mehr ein kleines Augenbad, damit die »reifen Augen« glänzen wie einst, und nun folgt ein

Häuchlein Make-up, wobei rote Äderchen mit grüner Creme verdeckt werden. Keine Angst, die sieht man nicht, auf die kommt noch Feuchtigkeitscreme und Grundierung und Transparentpuder! Und nun darf auch die »reife Frau« zufrieden mit sich sein!

Pardon, ich habe das Haupthaar vergessen! Aber was die »reife Frau« in ein »paar Minuten« schafft, das ist halt in einem einzigen Artikel nicht unterzubringen.

Waren Sie schon beim Nobelfriseur?

Buchhändler klagen oft über »Schwellenangst« und meinen damit, daß es Leute gibt, die sich nicht in Buchhandlungen hineinwagen. Ich kenne solche Leute zwar nicht, aber unter meinen weiblichen Bekannten stelle ich »Schwellenangst« vor einer anderen Sorte von Geschäft fest:

Etliche Frauen, die ich kenne, wären gern bereit, in einen »supertollen Haarschnitt« Geld zu investieren, haben aber vor gewissen »Coiffeur-Salons« Schwellenangst.

Sie machen sich auf den Weg zum »Haar-Stylisten«, drehen aber, bei der Eingangstür angekommen, mutlos wieder um, weil sie in das, was sie durch die Auslagen erspähen, nicht hineinzupassen meinen.

Sehr gehobenes Friseurmilieu will halt gelernt sein. Angestellte und Kundinnen spielen dort bei Kaffee und Sekt-Orange auf »lockere Hairdresser-Party«. Dieser Effekt tritt besonders dann ein, wenn junge Herren in Jeans oder Lederhosen am Damenhaar werken.

Vital, charmant und nie übergewichtig, wieseln, flattern und schweben diese Knaben von Dame zu Dame, erkundigen sich nach der letzten Tennisstunde, dem vereisten Kofferraumschloß der einen, dem Ceylontrip der anderen, besprechen die Horoskope des Tages, erkundigen sich nach den Kindern und Männern und schnipseln, scheint es, nur nebenbei an Haaren herum oder blasen Luft in diese.

Und die Damen scheinen auch weit eher zu Gespräch und Erholung hier zu sein als der Haare wegen.

Sehr ausgeschlossen fühlt sich die Frau, die zum ersten Mal in so einem Wasserwellentempel weilt. Auf die Frage, wer sie bedienen soll, weiß sie keine Antwort, welches freie Stühlchen sie zum Warten besitzen darf, ist ihr unklar.

Daß ihre Anwesenheit überhaupt wahrgenommen wird, erkennt sie daran, daß hin und wieder ein schwebender Knabe einen anderen fragt, ob er wohl Zeit »für die Dame« aufbringen könne. Worauf der andere Knabe vage lächelt und verspricht, daß er »schauen wird, wo er die Dame unterbringen kann«.

So weiß die Dame wenigstens, an wen sie ihre hoffnungsvollen Blicke richten darf. Und irgendwann einmal erbarmt sich der Knabe ihrer.

Doch spätestens beim dritten Besuch im verspiegelten Palast weiß man, daß der Herr Pauli vom Silvester in Gastein träumt und der Herr Peter seinen Alfa verkaufen will, und wird gefragt, wie es am Freitag im Theater war, und ist somit »in«.

Und hört sich selbst zu, wie man allerhand daherplappert, was einem an anderen Orten nie in den Sinn käme.

Ratlos im Leinen-Knitter-Look

Die Damenmode ist schon eine komische Sache, und je älter ich werde, um so ratloser stehe ich manchen ihrer Gebote gegenüber. Dabei bin ich absolut kein Modemuffel!

Ich nehme anstandslos zur Kenntnis, daß es nun wieder Achselpolster gibt und daß die Hosen dort zu pludern haben, wo sie früher stramm zu sitzen hatten. Ich finde es spaßig, wenn junge Damen à la Monroe dahertrippeln oder »Wie vom Winde verweht« in die Sommerferien fahren. Ist halt jetzt Mode, im Kinofilmlook einherzuschreiten, sage ich mir.

Ich erliege den Modediktaten sogar so sehr, daß ich mich auch nicht mehr mit einer Hose außer Haus wage, die in vorgestriger »Glockenfasson« geschnitten ist; obwohl das gute Stück noch tadellos in der Qualität ist.

Ich erliege dem Modediktat sogar so sehr, daß ich in solch einer Hose nicht einmal mit mir total alleine im Gärtlein Unkraut zupfen mag. Und in den gewissen Blusen mit den spitzen, langen Kragenenden fühle ich mich einfach »nicht mehr wohl«.

Ich habe mich sogar dazu durchgerungen, merkwürdige Stoffmuster, die mich an die »Schlafröcke« meiner Oma erinnern, zu akzeptieren und meine Tochter mit ihrer 36er-Figur in einem Jackett Herrengröße 58 allerliebst zu finden.

Aber eine modisch sehr bewußte Dame brachte mich unlängst doch zum Staunen. Als ich sie nämlich am Montag traf, war sie ganz unglücklich. »Schau dir das an«, klagte sie und zeigte mir ihre Kehrseite und wies auf etliche Knitterfalten in Rock und Jacke hin. »So teuer war das! Und jetzt komm' ich daher wie eine Ziehharmonika!«

Am Dienstag jedoch sah ich die Dame wieder. Sie hatte

ein anderes Kostüm an, und das war noch viel verknitterter als das gestrige, aber die Dame war darob nicht gram, sondern zeigte mir das Ensemble voll Stolz. »Ist doch toll, oder?«

»Es knittert auch ziemlich«, antwortete ich.

»Das ist ja irisches Leinen«, sprach die Dame. »Das muß ja knittern. Irisches Leinen knittert edel!«

Voll Stolz blickte sie auf ihr edles Geknitter, das jedem Sandleranzug Ehre gemacht hätte, mich aber in einen modischen Zwiespalt brachte!

Ich besitze nämlich auch so einen Knitterfrack, aber der ist aus echtem Waldviertler Leinen! Handgewebt! Darf der nun knittern oder darf er nicht? Kann ich stolz auf ihn sein oder muß ich mich über ihn ärgern? Wahrscheinlich erfahre ich das erst, wenn sich ein Modeschöpfer des Waldviertler Leinens erbarmt.

Glatt und verkehrt

Stricken ist momentan »in«. Es stricken nicht nur, wie in alten Zeiten, Omis und Muttis und Tanten, heutzutage stricken auch ganz andere Bevölkerungskreise.

Schüler höherer Schulen zum Beispiel; und dies nicht während des Handarbeitsunterrichts, wo diese Tätigkeit kommentarlos anerkannt werden könnte, sondern in Geschichts-, Deutsch-, Französischstunden und allen anderen Stunden, in denen keine intolerante Lehrkraft dem Nadelgeklapper Einhalt gebietet.

Die Lehrer, auch die ganz toleranten, scheinen davon – soweit ich es beobachten konnte – etwas irritiert.

»Es macht mich nervös, auf strickende Schüler einzureden«, sagte mir ein junger Geschichtslehrer. »Man weiß nie so recht, ob sie einem wirklich zuhören!« Eine AHS-Lehrerin allerdings erklärte mir ihr emsiges Schulstricken plausibel: »Es ist schön, wenn man beim Läuten merkt, daß etwas weitergegangen ist, daß man gut fünf Zentimeter gestrickt hat. Da sieht man wenigstens den Erfolg!«

In letzter Zeit sah ich aber, via TV, an noch viel erstaunlicherem Orte als der Schule strickende Personen. Ich sah, liebevoll von Kameramännern eingefangen, Delegierte beim BRD-Parteitag der »Grünen« stricken. Männer und Frauen strickten dort, wie es sich für Alternative ziemt, mit Holznadeln und naturgrobem Schafsfaden.

Die zwei Personen, die mit mir gemeinsam die Parteitagsstricker bestaunten, waren geteilter Meinung. Die eine sagte, sie fände das prächtig und locker, und da sähe man gleich, daß diese Menschen nichts Böses im Sinn haben, denn wer strickt, ist durch und durch friedlich!

Die andere Person jedoch sagte, nie im Leben würde sie ihre Stimme Leuten geben, die ihre Aufmerksamkeit zwischen einem Podiumsredner und einem Wollsocken teilen! Von einem Politiker erwarte sie ungeteiltes Interesse, gerichtet auf das politische Anliegen!

Ich glaube, beide Meinungen sind falsch! Als fanatische Strickerin muß ich sagen: Es kommt darauf an, was man strickt!

Ein Schal, glatt rechts gewerkt, hindert weder am Fassen fortschrittlicher Gedanken noch an der Aufnahme wichtigen Lehrstoffes. Aber strickt sich einer durch: »1 r., 1 l., 1 U., 2 zurs., 3 r., 1 U. ...« und lautet die Anweisung dazu noch : »1. bis 17. Reihe fortl. wiederh.«, dann ist Vorsicht geboten! Für Lehrer wie für Wähler!

Wer derartiges nadelt, in dessen Kopf ist kein Raum mehr für einen anderen Gedanken; auch nicht für den allerkleinsten.

Freizeitvergnügen?

Weil die meisten Leute, um ihren Lebensunterhalt zu erwerben, viele Stunden des Tages mit harter Arbeit zubringen müssen, entgehen ihnen viele Freizeitvergnügen; das war mir schon immer bekannt.

Daß man aber auch wegen seiner Freizeitvergnügen seine ehrliche Arbeit vernachlässigen muß, obwohl man sie gern tun würde, weiß ich erst, seit ich einen sogenannten »Nutzgarten« mein eigen nenne.

Aus schierem Jux und reiner Tollerei – also als Freizeitvergnügen – habe ich dort zwölf mal vier nette, weiße Bohnen in die Erde versenkt. Knapp nach den Eismännern war das, und recht hurtig ist das gegangen.

Und mein freizeitliches Behagen war recht groß, als die Bohnen austrieben. Und mit freizeitlichem Stolz habe ich Stecken in die Erde geschlagen, auf daß sich die Dinger hochranken mögen.

Und als freizeitliches Vergnügen sah ich es auch noch an, die blühenden, mannshohen Stauden mit reichlich Gießwasser zu versorgen.

Aber jetzt sind die Fisolen reif! Alle paar Stunden wird ein Körberl voll reif! Und im Beet neben den Fisolen reifen mir die schönen, dunkelgrünen Zucchini im Zeitraffertempo!

Surfbretter, Tennisschläger, Briefmarkenalben und sonstige Freizeitzutaten kann man, wenn man keine Zeit für sie hat, ohne Schaden in einem Winkel verstauben lassen. Fisolen und Erdbeeren und Erbsen und Kohl fordern ihre Rechte; auch wenn sie bloß freizeitlich gepflanzt worden sind.

Ein Unmensch wäre der, der das – dazu noch biologisch reine – Grünzeug im Beet verdorren oder verfaulen ließe, weil er »arbeiten« muß.

Also ernte und putze ich, hacke, faschiere und koche

ich, und da sich kein Mensch nur von Fisolen und Zucchini nähren will, und weil jeder Mensch nach der siebenten Erdbeernachspeise leidet, friere ich auch ein und entsafte und geliere und beschaffe mir Sand, um darin irgendwelche Rüben über den Winter zu lagern.

Befreundete Leute frage ich natürlich auch, ob sie nicht bei mir ernten wollen. Doch die befreundeten Leute schuften entweder selbst schwer an ihren Fisolen und anderem Grünzeug oder sie teilen mir diskret mit, daß sie meine edle Gartengabe lieber im Zustand von Marmelade oder als tiefgefrorenes Fertiggericht haben möchten.

Ehrlich! Nie ist meine Sehnsucht nach harter Berufsarbeit größer als in Erntetagen!

Wenn eine Kredenz die Farbe wechselt

Manchmal wird man vom bösen Schwein geritten. Wider die glasklare Vernunft tut man etwas, wofür man sich hinterher verflucht. An meiner Kredenz wurde mir das zur Gewißheit.

Vor Jahren habe ich sie beim Tandler für fünfzig Schilling erstanden. Sie war allerliebst altmodisch und allerscheußlichst hundsbraun. Also nahm ich roten Lack und färbte sie. Dann las ich, daß allzuviel Rot aggressiv macht. Da meine Aggressionen, wenn ich damals in der Küche werkte, keine geringen waren, nahm ich hoffnungsfroh blaue Farbe und strich damit das liebe Kredenzerl.

Dann verging etliche Zeit, in der mir klar wurde, daß die sanfte, blaue Kredenz mit den grünen Sesseln nicht harmonierte. Eine dicke Schicht Irisch-Moos matt brachte die Kredenz in Einklang mit den Sesseln.

Vor ein paar Wochen nun sah ich in einem noblen Stadtgeschäft eine Kredenz, meiner aufs Haar gleich, bloß ganz ohne Lack, edel natur, und zu einem Preis, der mir das Blut in den Adern stocken ließ. Da fing mich das böse Schwein zu reiten an! Und gab keinen Frieden, bis ich zwei Dosen Abbeizmittel kaufte.

Nach den ersten zwei Abbeizvorgängen war die Kredenz wieder blau, nach dem vierten Abschaben war sie rot, und nach dem siebenten Kratzen war sie in dem Zustand, in dem ich sie erstanden hatte. Aber dies war nicht ihr Urzustand. Vor mir hatte sie auch einem üppigen Streicher gehört, nur war der auf alle Töne des Erdigen versessen gewesen.

Die Mengen von braunem Gatsch, die ich nun im Laufe vieler Tage und Nächte mit Hilfe von Spachteln, Messern, Glasscherben und Rasierklingen von der Kredenz schabte, sind auch annähernd nicht zu schildern. Und was ich hinterher mit Sandpapier aller Körnungen, Lauge und Bimsstein vollbrachte, soll unerwähnt bleiben.

Nun hocke ich mit roten, brennenden Augen da. Und meine Hände schauen aus, als hätte ich Handschuhe aus Eidechsenleder an. Anscheinend bin ich gegen Abbeizmittel oder Sandpapier oder Lackstaub allergisch. Doch die Kredenz ist jetzt echt antik-natur, und ich könnte mich herrlich an ihr ergötzen, wenn da nicht das untere, linke Türl wäre!

Das hat, wie bei alten Türln üblich, eine Füllung. Aber die ist leider nicht alt, die ist aus Faserplatte-Marmordekor. Nur, wer kann schon unter acht Lagen Lack solche Gemeinheiten erahnen?

PS: Und jetzt greint auch noch einer aus dem Badezimmer! Wer den schönen Bimsstein so versaut hat, will der wissen. Als Hausfrau hat man wirklich keinen Dank!

Was man alles tun könnte, wenn ...

»Ein Mensch mit begabten Händen und etwas Phantasie im Kopf kann aus den kleinsten Resterln und Abfällen wahre Kunstwerke herstellen!« sagt meine Tante Käthe immer, und da sämtliche Frauenzeitschriften, die ich durchblättere, in Wort und Bild ebenfalls dieser Meinung sind, glaube auch ich an die kunstvolle Restverwertung.

Bevor man aber an das Verwerten schreiten kann, muß man sammeln. Daher besitze ich:

Eine riesengroße Schachtel mit quadratisch zurechtgeschnittenen Stofffleckerln, aus denen eine Patchworkdekke werden soll.

Eine noch größere Schachtel mit zu Bällen gerollten Stoffstreifen, aus denen ein Fleckerlteppich gewebt werden soll.

Drei Nylonsäcke voll mit alten Strumpfhosen, aus denen man mit einer Häkelnadel Nummer zwölf Badezimmermatten fertigen kann.

Einen Sack mit Lederresten, die, zu feinsten Streifen geschnitten und aneinandergenäht, zu einer sehr außergewöhnlichen Jacke verstrickt werden sollen.

Und in einem vermischten Korb gibt es noch Holzkugeln und Hanf, Perlen und Blumendraht, Bast und Pelzfleckerln, Teddybäraugen und Filz, Litzen, Borten und Spitzen. Kasperlfiguren könnte man aus dieser Materialiensammlung machen, Puppen, auch Tiere. Und die Perlen – die bunten, zylinderförmigen – könnte man zu irre schicken Frühstücksets auffädeln!

Der Jammer ist nur, daß ich von einer Patchworkdecke in Rottönen träume und meine Fleckerlsammlung eher grün-blau getönt ist. Den Fleckerlteppich hätte ich hinwiederum gern sehr grün, aber die Streifenbälle, die ich mühsam aufgewickelt habe, sind rot-gelb gestreift. Und die alten Strumpfhosen sind grau oder braun. Etwas

Häßlicheres als einen graubraunen Badezimmervorleger kann ich mir schwer vorstellen.

Und soviel Geduld, wie man braucht, Leder in Spaghettistreifen zu schneiden und diese zu einer Jacke zu verstricken, habe ich nicht. Mein Kasperlfigurenmaterial allerdings ist komplett! Da aber fehlt mir das Kind, das ich damit beschenken könnte.

Außer diesem Kind fehlt mir natürlich auch noch die Zeit zum kreativen Resterlverwerten. Aber das macht nichts! Vor meinen Schachteln zu hocken, in Fleckerln, Hanf, Bast, Leder, Pelz und Wolle zu wühlen und sich dabei vorzustellen, was man alles tun könnte – wenn man könnte –, ist sehr entspannend.

TV & Frau

Macht am Drücker

Woran erkennt man, wer in einer Familie die mächtigste Person ist? »Das ist die Person«, sagte mir ein kleiner Knirps, »die bestimmt, wohin die Familie auf Urlaub fährt!«

»Das ist die Person«, sagte mir ein etwas älterer Knabe, »wegen der es zweimal die Woche Blunzen gibt; obwohl sonst niemand in der Familie Blunzen mag!«

Ein halbwüchsiges Fräulein meinte: »Das ist eindeutig die Person, die schreit: Solange du deine Beine unter meinen Tisch streckst, wird getan, was ich will!«

»Das ist der«, sagte mir eine bleiche Hausfrau, »der das Haushaltsbuch kontrolliert!«

»Das ist die Person«, erklärte mir ein älterer Herr, »die ein Familienmitglied tagelang mit Verachtung straft, weil es später als angekündigt heimgekommen ist!«

Als weitere Machtpersonen wurden mir genannt: Die, die die Höhe des Taschengeldes bestimmt. Die, die andere – auch am Sonntag – ungestraft aufwecken darf. Die, die den Autoschlüssel hat. Und die, die sich erfolgreich weigert, den Besuch bei Tante Emma mitzumachen.

Lauter recht subjektive Meinungen über Macht in der Familie habe ich zu hören bekommen. Keine stimmte mit meiner eigenen, auch recht subjektiven Meinung in dieser Sache überein.

Als mächtigste Person in der Familie verstehe ich die, der es gelingt, ihre Wünsche am häufigsten und heftigsten durchzusetzen. Der erfahrene Familienbeobachter erkennt so eine Person an vielen Details quer durch den Familienalltag.

Am Abend jedoch wird diese Person sogar dem deutlich erkennbar, der von Familien-Machtstrukturen keine Ahnung hat. Am Abend nämlich ergreift diese Person die

Fernsehapparat-Fernbedienung und läßt sich in einem bequemen Stuhl nieder.

Und dann schaut die Person fern. Ganz nach Lust und Laune und quer durch alle verkabelten Kanäle. Wenn das Geflüster der anderen im Raume hockenden Familienmitglieder lauter wird, drückt sie ein Fernbedienungsknöpfchen, und der Fernsehapparat wird auch lauter.

Dann kann es geschehen, daß ein Familienmitglied nach dem anderen aus dem Zimmer geht, je nach Temperament wütend oder bloß vergrämt.

Und dann kann es noch geschehen, daß sich die Person mit der Fernbedienung in den Händen umschaut, den leeren Raum sieht und seufzt: »Immer ist man allein! Keinen Familiensinn haben sie!« Sehr arm kommt sich die Person dann vor.

Aber die mächtigste Person in der Familie ist sie – meiner Ansicht nach – trotzdem!

Mama denkt nicht

Geht man, das Familienleben seiner Mitmenschen aufmerksam betrachtend, durch den Alltag, muß man feststellen, daß in vielen Familien die Mutter die Rolle des »lieben Dummerls« zu spielen hat.

Vater und Kinder, wenn auch sonst nie einer Meinung, arbeiten in schöner Einigkeit daran, der Mama einen Intelligenzquotienten weit unter dem Familiendurchschnitt zu attestieren.

Warum sie das tun, ist klar. Mütter sorgen und pflegen, regeln und helfen, trösten und applanieren Schwierigkeiten. Man braucht sie, ist auf sie angewiesen, fühlt sich abhängig von ihnen. Da tut es wohl, diese übermächtige Person wenigstens für »ein bißl dumm« halten zu können. Das baut auf!

Gute Gelegenheit, sich über die Dummheit der Mama einig zu sein, bietet sich beim Fernsehen. Ach, was kann man da über die Frau und ihre Programmwahl entsetzt sein! Schrecklich, was der Mama gefällt! Entsetzlich, wo sie mitlebt und mitleidet!

»O Gott, gibt sie sich heut schon wieder ›Dallas‹ hin?« heißt es da etwa. »Daß dir der Schmarrn noch immer nicht zu blöd ist!« rügt die Tochter. »Bist du denn echt so verkitscht?« erkundigt sich konsterniert der Sohn. Und der Papa kommentiert: »Das ist ihr Seelenfutter. Das ist der Gemütsbalsam, den sie braucht!«

Und dann lassen sich Papa, Sohn und Tochter ins Gepolsterte fallen und beobachten mit gerunzelten Stirnen, welcher »Niveaulosigkeit« die Mutter verfallen ist.

Nur mit viel Gelächter können sie das durchstehen! Sie klatschen sich die Schenkel, wenn J. R.s Bösewichtgelächter ertönt, wiehern, wenn Pam ihren Leidensblick bekommt und kreischen wie die Hyänen, wenn der kindliche Plumpsack Christopher durchs Bild getragen wird.

Ist dann ›Dallas‹ zu Ende und schaltet die Mutter, frustriert ob der argen Störung beim Fernsehgenuß, den Fernseher aus, muß sie eine Grundsatzdebatte über TV-Kitsch, falsches Bewußtsein und Verdummungsprozeß durchstehen.

Reuig und zerknirscht beschwört die Mutter, daß sie ja selbst wisse, welcher Plunder diese Serie sei, daß sie leider nicht genau wisse, warum sie sich trotzdem regelmäßig zum Augen- und Ohrenzeugen der Sache mache.

»Darüber solltest du dir aber klarwerden«, rät die Tochter. »Da stimmt doch bewußtseinsmäßig etwas nicht mit dir, wenn dir so ein Schmarrn gefällt!«

»Medien hat man bewußt zu konsumieren«, doziert der Sohn, »sonst verblödet man komplett!«

»Aber das liegt doch der Mama nicht«, sagt der Papa abschließend. »Sie denkt nicht, sie fühlt nur!«

»Und wie kommen wir dazu«, rufen Tochter und Sohn im Chor, »daß wir uns deshalb den Dreck anschauen müssen? Auf dem anderen Kanal wär' was echt Interessantes gewesen!«

Die Mutter sieht es ein und schaut am nächsten Dienstag nicht ›Dallas‹, sondern geht mit einer Freundin Nachtmahlessen.

Und was tut sich daheim?

Da sitzen Papa und Sohn im Wohnzimmer und schauen ›Dallas‹, obwohl auf dem anderen Kanal eine »echt interessante Sendung voll Niveau« ausgestrahlt wird.

Und warum tun sie das?

Weil sie gute Menschen sind. Sie haben beschlossen, man müsse der Mama berichten, was in Folge 112 passiert. Sonst kommt »das kleine Dummerl am nächsten Dienstag ja nicht mit«!

Halbzeiten-Drama

Ort der Handlung: Wohnzimmer / Zeit der Handlung: Abend, an dem im TV ein Fußballmatch übertragen wird / Personen: Er und Sie / (Requisiten: 2 Sessel, 1 TV-Gerät, 1 Flasche Bier, 1 Strickerei).

Er (laut, erregt): Rührts euch, Burschen! Wo bleibt der Kampfgeist! Das gibt's doch nicht!

Sie (strickt, denkt): Nein, das gibt's echt nicht! Tut, als ob es ums Leben ginge. Daß seine Tochter aus Liebeskummer drei Kilo abgenommen hat, läßt ihn kalt! Daß sein Sohn einen ungerechten Fünfer bekommen hat, läßt ihn kalt! Meine Gastritis läßt ihn kalt! Aber wenn ein grüner Wappler einem violetten Wappler das Ballerl wegnimmt, steigt sein Blutdruck!

Er (läßt sich zurückfallen, stöhnt): Die Burschen haben keine Kondition! Rennen wie der FC Krematorium!

Sie (zählt Maschen, denkt): Kondition! Gerade er sagt das! Kommt ins Keuchen, wenn er in den ersten Stock steigt. Aber das ist ja ganz seine Linie. Von anderen fordern, was man selbst nicht bringt. Mir sagt er, ich soll ein paar Kilo abnehmen, weil er – rein optisch – schlanke Frauen lieber mag. Daß ich – rein optisch – auch was anderes lieber mögen könnte als einen Bierbauch und ein Doppelkinn, fällt ihm nicht ein. Und mein Taktgefühl läßt es nicht zu, daß ich ihn diesbezüglich aufkläre!

Er (brüllt): Ein klares Hands! Ja sieht denn das keiner?

Sie (gähnt, denkt): Wenn ich ihm jetzt sagen würde, daß ich mich scheiden lassen möchte, ob er das hören würde? Und wenn er es hören würde, tät er dann sagen, ich soll ihn nicht stören, oder würde er vor Schreck den TV-Apparat abdrehen?

Er (fast wimmernd): Das reinste Desaster! Burschen, gebts euch die Kugel! Das hat keinen Sinn mehr!

Sie (schließt die Augen, denkt): Einen Schmarrn würd'

er abschalten. Daß er sich verhört hat, tät' er denken. Wo ich mir seit zwanzig Jahren alles gefallen lasse, wie soll er denn wissen, daß ich frustriert bin bis zum Geht-nicht-Mehr.

Er (trinkt Bier, jammert): Burschen, die Chancen sind vergeben, das wird nichts mehr!

Sie (seufzt, denkt): Und warum hab' ich mir alles gefallen lassen? Aus Liebe! Aus Liebe schluckt man viel, und wenn man einmal aufs Schlucken trainiert ist, schluckt man brav weiter, auch wenn die Liebe schon futsch ist. Der Spruch vom Ende mit Schrecken, das besser ist als ein Schrecken ohne Ende, ist ein Unsinn, weil nach dem Ende mit Schrecken das Alleinsein kommt, und das ist noch ärger als der Schrecken ohne Ende zu zweit!

Er (flehend): Ich kann nimmer hinschaun! Machts ein Ende! (Seufzt.) Na endlich! Der Schlußpfiff ist ein Gnadenpfiff! (Lehnt sich zurück, seufzt.) Verschissen haben wir, Hasilein!

Sie (laut, deutlich): Genau, Hasilein!

Er (erstaunt): Was, das hast mitkriegt, Hasilein?

Sie (bitter): Jawohl, Hasilein, seit zwanzig Jahren schon!

Er (erstaunt): Wie meinst das, Hasilein?

Sie (nimmt Fernbedienung, drückt den anderen Kanal ein): Das war nur ein Witz, Hasilein!

Er (steht auf, entfernt sich Richtung Klo, murmelt): Die Burschen verlieren ein todsicheres Spiel und die eigene Frau macht Witze, die keiner versteht (rülpst). Das ist doch kein Leben, das ist ein Wahnsinn!

Schöner Wohnen

Ostertisch mit Salzteigbesen

An Frauenzeitschriften mag ich die Seiten mit den »festlichen Tischdekorationen« besonders gern. Wahre Prachteinfälle gibt es da.

Im Laufe der letzten Wochen entdeckte ich – unter anderem: Man nehme ein Backblech, umhülle es mit Krepppapier, bestücke es dicht mit Kresseschachteln, lege Eier in diese, umgebe das Ganze mit einem Mürbteigzaun und stelle es auf den Oster-Frühstückstisch. Natürlich kosten zwanzig Schachteln Kresse nicht wenig, und die Frage drängt sich auf, was tut man nach Ostern mit so viel Kresse? Aber Feste soll man feiern, wie sie einen anfallen!

Eine Ostertorte braucht man auch. Eine mit Marzipanhaut, rät mir ein Oster-Artikel. Für das Marzipan-Outfit, erfahre ich lesend, benötige ich allerdings einen »Marzipankneifer«, welchen mir ein Versand aus Hamburg für DM 30,– schickt. Natürlich ist das viel Geld für ein Gerät, das bloß Rüschen ins Marzipan kneifen kann, doch wenn es um Familienfeste geht, soll der Mensch nicht knausern!

Fraglich ist auch, ob der Versand so spontan arbeitet, daß ich den Kneifer rechtzeitig erhalte, aber ein wenig Risikofreudigkeit braucht man halt im Leben!

Nun fehlt nur mehr »originelles Backwerk«. Auch das hält eine Zeitschrift bereit.

Dazu benötigt man einen Besenstiel, 50 m Seidenband, 2 kg weißen, 3 kg grauen, 4 kg schwarzen Brotteig (welchen Ihnen der Bäcker gern gibt!), 30 Eier, 7 kg Salzteig (Rezept auf Seite 231), einen Fliederbusch, Silberstreusel, 24 Seidenrosen und »etwas Geschick und Geduld«.

Dann hat man einen hochragenden Tischschmuck, der jeden Pfingstochsen vor Neid erblassen läßt! Schön muß so ein Osterfrühstück dann sein!

Da huscht die österliche Mama mit Kresseblech, rundum gekniffener Torte und brotbehängtem Besen zum Tisch, deckt auf, arrangiert, ist stolz, wartet – und wartet – und keiner kommt. Sie geht also wecken.

Die Tochter murmelt, Feiertage seien zum Schlafen da, und zieht sich die Decke über den Kopf. Der Mann sagt, eine Tasse Tee – wie immer – genüge ihm. Der Sohn kann gar nichts sagen, weil er – sein unberührtes Bett tut es kund – nicht zu Hause ist.

Und dann wirft die österliche Mama mit Salzteig, kneift mit dem Marzipankneifer, trampelt in der Kresse herum; und am Feiertag ist kein beruhigender Arzt aufzutreiben.

Ob Frauenzeitschriften-Redakteure das eigentlich bedenken? Oder beabsichtigen sie es sogar?

Durchschnittsfamilien wohnen – wenn sie nicht noch übler dran sind – in Wohnungen mit zweieinhalb oder drei Zimmern.

In solchen Quartieren ist die Zimmereinteilung meistens klar: Wohnzimmer, Kinderzimmer, Schlafzimmer! Zur Debatte steht bloß, welchem Zimmer welche Funktion zukommt. Langsam hat sich ja herumgesprochen, daß Kinder mehr Platz brauchen, als Wohngenossenschaften für sie einplanen, und daß Wohnzimmer – genauer gesagt: Fernsehzimmer – nicht unbedingt 30 m^2 groß sein müssen. Daß die Räume dann doch oft kinderfeindlich aufgeteilt werden, liegt nicht an der Egozentrik der Eltern, die für ihre abendliche Fernsehorgie den größten Raum der Wohnung beanspruchen, sondern daran, daß üblicherweise zumindest eines der kleineren Zimmer nur durch das große zu erreichen ist; wodurch die Kinder, bekämen sie den großen Raum, in einem Durchgangszimmer logierten, was nur für Kinder, die länger fernschauen und später schlafengehen als die Eltern, zu empfehlen wäre.

Aber es gibt ja auch Familien, die besser dran sind. Die haben, sei es mit viel Glück, sei es durch Mieterschutzerbrecht oder mit viel Geld, Riesenwohnungen ergattert. Die Raumaufteilung solcher Wohnungen bringt mich oft ins Sinnieren! Dort gibt es außer Wohnzimmer und Schlafzimmer und Kinderzimmer auch Speisezimmer und Zimmer, die konservativ »Herrenzimmer«, modischer »Arbeitszimmer« genannt werden. Manche der Riesenwohnungen haben auch ein Tischtennis-Zimmer oder ein Eisenbahn-Zimmer; damit Papa und Sohn die Schienen nicht immer wegräumen müssen. Dunkelkammer-Zimmer, Hobbyräume, Gästezimmer, Bügelzimmer, Musikzimmer und noch eine Menge anderer »Extra-Zimmer« habe ich schon bestaunt.

Relativ selten befindet sich aber in den Riesenwohnungen ein Zimmer, von dem die Hausfrau, die mich stolz durch die Räume führt, sagt: »Und das ist mein Zimmer!« Fragt man die Dame, warum sie von all den Räumen keinen für sich allein reserviert habe, erfährt man, daß das eigentlich ihre Absicht gewesen sei, aber dann – irgendwie – habe es sich nicht ergeben! Die Wünsche der anderen seien eben dringlicher gewesen.

Und der Ehemann fügt lächelnd hinzu: »Außerdem gehört ihr ja die ganze Wohnung!«

Was das Aufräumen und das Dreckwegputzen betrifft, hat der gute Mann garantiert recht!

Folterkammer Örtchen

Hans-im-Glück-Familien besitzen Häuser oder Wohnungen mit zwei – oder mehr – Badezimmern und zwei – oder mehr – Klos. Nicht ganz so vom Glück verfolgte, aber immerhin noch begünstigte Familien haben wenigstens ein Badezimmer mit zwei Waschbecken. Die Normalfamilie jedoch, auch wenn sie aus fünf oder sechs Personen besteht, muß mit einem Badezimmer und einem Waschbecken darin auskommen.

Statistiken darüber, wieviel Familienzwist und Hader dadurch entstehen, daß mehrere Menschen zur gleichen Zeit nach dem gekachelten Orte gieren und zum diskreten Örtchen drängen, gibt es nicht. Doch wage ich zu behaupten, daß sich viele Familienleben wesentlich harmonischer gestalten würden, wäre nicht tagtäglich die morgendliche Notlage durchzustehen.

Ein halbwüchsiges Mädchen etwa, das an der sorgfältigen Behandlung von Mitessern und Wimmerln gehindert wird, weil der kleine Bruder auf seinem Recht besteht, das Badezimmer zwischen 7.10 Uhr und 7.20 Uhr zu benutzen, sieht sich völlig außerstande, den kleinen Bruder zu lieben.

Und niemand kann vergrämter sein als der arme Mann, der hinter der verriegelten Tür hockt und dort nicht in dem Tempo agieren darf, das ihm sein Leib vorschreibt, sondern in dem Tempo, das ein an die Klotür pochendes Familienmitglied fordert.

Besonders unerträglich wird die Morgensituation, wenn ein sehr ordentlicher Mensch nach einem sehr schlampigen Menschen das Badezimmer benutzen muß.

Bartstoppelstaub im Waschbecken, feuchte Badetücher auf dem Boden, Zahnpastaspritzer auf dem Spiegel, Make-up-Flecken in Handtüchern, unauffindbare Tubenverschlüsse, gatschige Seifen und Badewannendreckränder haben sicher schon öfter Familienstreit ausgelöst als so große und bittere Probleme wie Untreue, Charaktermängel und Geldnot.

Und die Personen, die darauf bestehen, nicht nur eine eigene Zahnbürste, sondern auch ein eigenes Handtuch, einen eigenen Waschlappen und eigene Kosmetika zu haben, stehen in den meisten Familien im morgendlichen Kampf ohnehin auf total verlorenem Posten.

Ärmer als diese besitzgestörten Menschen sind jedoch noch die Leute, denen ein skrupelloser Architekt das Bad und das Klo als eine Einheit errichtet hat. Was sich des Morgens dort abzuspielen pflegt – habe ich mir sagen lassen, kann die wahre Hölle sein.

Ohne grüne Katze keine Farbharmonie

Ich blättere gern in Journalen, die sich mit erlesener Innenarchitektur befassen. Klappe ich sie dann zu, schaue ich mich in meiner Behausung um und bin unheimlich unzufrieden mit dem, was ich da sehe.

Meine Einrichtung hat keinen »Pfiff«, mein Mobiliar hat keinen »Stil«, nicht einmal meine »ganz persönliche Note« kommt durch mein Inventar zum Ausdruck.

Am Geld allein kann das nicht liegen. Die Mitarbeiter der Wohnzeitschriften beweisen mir mit Preisangaben, daß man sich auch »mit schmaler Börse« sehr originell, praktisch und preiswert einrichten kann. Etliche Möbelstücke, die bei mir ungeliebt herumstehen, haben mehr gekostet, als die Wohnredakteure in zwei urgemütlich ausstaffierte Zimmer investieren.

Hin und wieder entdecke ich in so einer Zeitschrift sogar ein Möbelstück, das ich selbst besitze und merke vergrämt, daß es bei mir zu Hause bei weitem nicht so prächtig wirkt wie auf dem Journalfoto.

Schön langsam komme ich auch dahinter, warum das so ist. Mir geht der richtige Farbensinn ab. Ich wohne nicht farbharmonisch durchgestylt! Ich kapiere das »Ton-in-Ton-Wohnen« nicht.

Dabei exerzieren es mir die einschlägigen Magazine doch immer wieder vor: Entschließt man sich, einen Raum in Grün zu halten, muß man dabei bleiben! Ist die Couch grün, haben die Kissen auf ihr in Grüntönen zu schillern, und die Vorhänge müssen grüngemustert sein. Und ein grünes Bild muß an die Wand. Und eine grüne Decke über den Tisch!

Bis zu diesem Punkt bin ich ja fähig, den guten Vorschlägen nachzueifern. Doch dann versaue ich mir die grüne Pracht, weil ich, total geschmacklos, rote Äpfel und gelbe Bananen in einer blauen Schüssel auf den grünen Tisch stelle und meine graue Strickerei auf der grünen Couch deponiere und rosa Tulpen in einer lila Vase arrangiere.

Nicht einmal meine Katzen färbe ich grün ein! So kann natürlich keine Farbharmonie zwischen meinen vier Wänden entstehen! Aber selbst mit resedagrünen Katzen, Granny-Smith-Äpfeln, Anjou-Birnen, lodengrüner Strickerei und Artischocken in der Vase wäre das Problem nicht gelöst, denn ich habe vierzig Laufmeter Bücher an einer Wand des »grünen Zimmers«. Und diese Bücher haben Rücken in allen Regenbogenfarben.

Ich möchte wirklich wissen, wie es die Wohnredakteure schaffen, eine Wand voll Literatur – wenn auch nur fürs Foto – in total Grün aufzutreiben. Lesen, allerdings, möchte ich diese Bibliothek nicht.

Es gibt Menschen ...

Haushaltsschnecken leben länger

Manchen Leuten geht die Haushaltsarbeit leicht und blitzschnell von der Hand. Die meisten Haushalter befleißigen sich eines durchschnittlichen Arbeitstempos, und dann gibt es noch die Gruppe von Haushalt führenden Personen, die im Schneckentempo vor sich hin- und herwerkelt.

Ich, die ich mich zur mittleren, zur Gruppe mit dem durchschnittlichen Tempo zähle, bewundere die Haushalts-Stachanowisten enorm, denn trotz vieler Versuche habe ich es nicht erlernt, das Zwiebelhäuptel so schnell wie der Fernsehkoch in allerkleinste, allerregelmäßigste Würfelchen zu zerlegen.

Und meiner lieben Mutter lockerer Ausspruch: »Eine Biskuitroulade ist praktisch, die hat man in zwölf Minuten fertig!« verfolgt mich höhnend bei jeder Biskuitrouladenerzeugung – gut eine halbe Stunde lang.

Nicht minder bestaune ich aber die Haushaltsschnekken! Als solche bezeichne ich nicht die Personen, die die Arbeit in kurzen Abständen unterbrechen, um sich der Zeitungslektüre, einem Telefongespräch, einer Tasse Kaffee oder sonst einer ansprechenden Beschäftigung zu widmen, denn das sind einfach Leute, die sich das Leben so angenehm wie möglich machen; und das ist eine Haltung, die Respekt verdient.

Haushaltsschnecken sind Personen, die andauernd haushalterisch tätig sind und trotzdem nichts weiterbringen.

Die Zeit, in der die Stachanowisten ein Kilo Erdäpfel von der Schale befreien und die Durchschnittlichen ein halbes Kilo, verbringen sie seufzend mit einer Knolle.

Und Biskuitrouladen können sie überhaupt nicht erzeugen, weil diese warm aufgerollt werden müssen. »Das geht ja gar nicht«, sagte mir eine Schnecke kopfschüttelnd, »während man die Marmelade aufstreicht, wird das Biskuit doch kalt!«

Die Blitzschnellen und die Durchschnittlichen machen sich gern lustig über die Schnecken in ihrem Bekanntenkreis. Das sollten sie nicht!

Ich habe unlängst mit meiner Mutter – die über fast ein dreiviertel Jahrhundert Erinnerung verfügt – dieses Thema abgehandelt, und dabei haben wir herausgefunden, daß alle Schnecken, denen meine Mutter begegnete, ein ungemein hohes Alter erreicht haben oder noch am Leben sind, während die Stachanowisten oft nicht einmal das Pensionsalter erreicht haben.

Daher: Ein bißchen mehr Zeitlupe, ihr hurtigen Damen!

Omas Kurzschlüsse

Manche Menschen erhalten sich ihre Lernfähigkeit bis ins hohe Alter, andere wiederum weigern sich, ab einem gewissen Lebensalter noch dazuzulernen.

Es gibt fünfundsiebzigjährige Frauen, die nicht nur mit Waschmaschinen, Saftpressen, Bügelautomaten und Geschirrspülern hantieren wie jede Zwanzigjährige, sondern auch Bohrmaschinen benutzen und Hobby-Lötkolben.

Und es gibt Frauen im gleichen Alter, die sich weigern, so einen »modernen Kram« auch nur anzurühren. Ich kenne eine alte Frau, die hat von ihren Kindern vor fünf Jahren eine Waschmaschine bekommen. Sie hat ein Spitzendeckerl auf die Maschine gelegt und einen Blumentopf daraufgestellt. Wäsche hat sie in der Maschine noch nie gewaschen. Sie wird auch in Zukunft ihre Wäsche im Topf auskochen und dann durchrumpeln. »Ich bin schon zu alt«, sagt sie, »an das Ding gewöhne ich mich nicht mehr!«

Meine Mutter gehört auch zu dieser lernunwilligen – oder lernunfähigen – Frauensorte. Hat sie einen Kurzschluß in der Wohnung, bleibt sie bei Kerzenlicht, bis Hilfe kommt. Sie weigert sich, das Knöpfchen am Sicherungsautomaten zu drücken. Sie weigert sich sogar, das Knöpfchen zur Kenntnis zu nehmen. Will man es ihr zeigen, dreht sie den Kopf weg und sagt: »Das hat immer der Vati gemacht, das versteh' ich nicht!« Und wenn ihr jemand den Stecker vom Radio aus der Steckdose zieht und das Radio daher stumm bleibt, hält sie es für kaputt und trägt es zur Reparatur.

Es gibt aber noch eine dritte Sorte von alten Frauen. Das sind die verwegensten! Das sind die, die sich vehement weigern, die Funktionsweise moderner Haushaltsgeräte zur Kenntnis zu nehmen, und sie trotzdem in Betrieb setzen.

Gar manche Familien erbleichen geschlossen, wenn die Omi stolz verkündet: »Ich habe gerade die Waschmaschine angestellt!«

Daß eine einzige rote Seidenbluse der Kochwäsche soviel Schaden zufügen und dabei selbst Schaden nehmen kann, hätte die Omi nicht gedacht! Oder sie schwört Stein und Bein, das Kochprogramm gar nicht eingestellt zu haben!

»Wo hast du denn gedreht? Was hast du denn gedrückt?« fragt man die Omi; nicht um sie zu verhören, sondern um ihr die Sache zu erklären. Doch da wird die Omi unwirsch, sagt, sie sei doch kein kleines Kind, entfernt sich mürrisch und murmelt dabei: »So ein Schmarrn, diese modernen Maschinen!« Und ein paar Tage später setzt sie das Ding wieder in Betrieb, und – wetten? – es ist wieder ein »Schmarrn«!

Jäger und Sammler

Unlängst stand ich auf dem Markt bei einem Standl. Neben mir ließ sich eine Frau eine große Steige mit Marillen füllen, und der Ehemann dieser Frau, darauf wartend, die Steige zum Auto zu tragen, murrte: »Zu wos kochst denn schon wieder Marmelad? Im Keller san do no die Glasln ausn Achtzigerjahr?«

Da sprach die Frau unwillig: »Aber vielleicht san die nächsten Jahr kane Marillenjahr! Dann stehn ma schön blöd da!«

Recht hat der Mann, dachte ich. Diese Frau, dachte ich, ist wie meine Mutter. Die hat auch jedes Jahr doppelt soviel Marmelade gekocht wie verbraucht wurde, und der hausfrauliche Unsinn ist dann im Keller verschimmelt.

Aber nun sind bei mir im Waldviertel die Himbeeren reif! Die kann man doch nicht einfach an den Sträuchern verfaulen und verdorren lassen! Nein! Die muß ich einsammeln, so mühsam das auch ist.

Und dann muß ich sie hurtig verarbeiten, weil Himbeeren eine sehr leicht verderbliche Ware sind.

Himbeermarmelade, Himbeersaft und Himbeermark, lauter herrliche, köstliche Sachen lassen sich daraus erzeugen.

Bloß: In meiner Tiefkühltruhe lagert noch vorjähriges und vorvorjähriges Himbeermark, weil ich so selten dazu komme, Himbeereis zu erzeugen. Und in der Speisekammer stehen noch in Reih und Glied eine Menge Himbeermarmeladegläser, denn meine Familie mag Marillenmarmelade und Erdbeermarmelade viel lieber.

Und die Himbeersaftflaschen, in der Stellage darüber, wirken schon fast antik, denn der Kinderbesuch, den ich oft habe, verlangt nach Cola und Apfelsaft und Mineralwasser und verschmäht mein erlesenes Naturprodukt.

Aber ich sammle und zerquetsche und passiere und filtriere und koche und geliere trotzdem!

Ich kann nicht anders.

Der Mensch, so er sich nicht als Jäger fühlt, ist halt ein Sammler. Und ich bin ein echtes Eichhörnchen.

Aber so ein Eichhörnchen hat es besser als ich, das vergißt auf seine Vorratslager, sieht also nicht ständig das Ergebnis seiner Sammlerleidenschaft in der Speisekammer und muß daher auch nicht dauernd den Kopf über sich selbst schütteln.

Wer kennt ihn nicht, den Dings

Von meiner Mutter kann man oft eine Erklärung wie folgende zu hören bekommen: »Der Dings vom Dings wegen dem Dings war da!«

Ins harte Kreuzverhör genommen, gibt sie jedoch dann zu, daß Herr X von der Versicherung wegen der Prämie vorgesprochen habe.

Rügt man sie ob der vielen Dings in ihrer Rede, schiebt sie die Schuld dem Alter zu, was aber nicht stimmt. Sie »dingst«, seit ich sie kenne. »Dingsen« hat nichts mit Alter und Kalk zu tun. Die der Dings-Manie Verfallenen reden bloß schneller als sie denken. Womit ich aber nicht sagen will, daß sie zu langsam denken. Sie reden zu schnell!

Und sie sind nicht bereit, ihren heftig strömenden Redefluß ein klein wenig zu stauen und kurz zu überlegen, wie Botschaften allgemein verständlich übermittelt werden können. Auf diese Idee kommen sie auch deshalb nicht, weil sie meinen, alle anderen müßten über ihre Gedankengänge und Gedankensprünge Bescheid wissen. Was meistens nicht ganz falsch ist.

Kommt – zum Beispiel – jemand aus dem Bad und spricht: »Ich muß endlich den Dings reparieren!«, weiß man ja, den verstopften Zustand des Abflusses kennend, genau, was mit »Dings« gemeint war.

Man sollte überhaupt mit den der Dings-Manie Verfallenen gnädig umgehen, denn schließlich ist niemand gegen dieses Unwort gänzlich gefeit, auch wenn man es nur benutzt, wenn einem ein Wort oder ein Name wirklich nicht einfällt, wenn er zwar »auf der Zunge liegt«, aber nicht von dieser will.

In der Notlage greift fast jeder zum Dings, fügt aber – und das unterscheidet ihn von den echten Dingsern – entschuldigend hinzu: »Aber es fällt mir gleich wieder ein!«

Was manchmal zu optimistisch gehofft ist. In der Regel will das »Dings« erst dann von der Zunge, wenn man aufgegeben hat, darüber zu sinnen und sich damit herumzuplagen.

So muß es auch der Dame ergangen sein, die gestern im Kino hinter mir saß und plötzlich sehr laut, während vorne auf der Leinwand ein langer Kuß stattfand, ausrief: »Albert! Jetzt hab' ich's wieder! Breinstingl heißt der Dings!«

Das unwillige Gezischel, das sich darob im Kino erhob, muß ich als wenig einfühlsam bezeichnen. Ein jeder sollte doch wissen, wie erleichtert man ist, wenn man es endlich geschafft hat, aus einem »Dings« einen Breinstingl zu machen.

»Iß schön auf!«

Mein Freund Anton – so heißt er natürlich in Wirklichkeit nicht, aber er wäre mir gram, würde ich hier seinen richtigen Namen ausposaunen – ißt nicht nur Unmengen, sondern hat den Tick, »wegputzen« zu müssen.

Gibt man ihm zwei Knödel zum Braten, ißt er sie auf. Gibt man ihm drei Knödel, ißt er sie auch auf. Höchstwahrscheinlich äße er vier Knödel, setzte man ihm diese Horrormenge vor.

Seine Devise ist: »Es wird gegessen, was auf den Teller kommt«, und: »Nichts darf umkommen!«

Sogar der Knochen von anderer Leute Teller bemächtigt er sich und nagt ihnen die allerletzten Fleischfasern ab.

Und einmal – ich schwöre, es ist die reine Wahrheit – verputzte er einen kleinen toten Käfer in der irrigen Annahme, es handle sich hier um ein Fuzerl Schokolade. Aber außer der Einsicht, einer Brille zu bedürfen, zog er aus diesem Erlebnis keine Konsequenz.

Rügt man Freund Anton wegen seiner sonderlichen Art, Nahrung aufzunehmen, sagt er: »Das rührt daher, daß ich als Kind immer den Teller leeressen mußte. Aß ich nicht auf, war man böse auf mich! Seither gehören aufessen und liebgehabt werden für mich zusammen! Das mußt du verstehen!«

Natürlich versteht man das! Sonnenklar wird einem da dieses »Wegputzen«!

Allerdings kenne ich auch einen anderen Anton, und der wiederum hat den Tick, immer etwas »überlassen« zu müssen.

Gibt man ihm einen Knödel zum Braten, bleibt ein halber am Teller, gibt man ihm nur einen halben, läßt er auch ein, zwei Bissen ungegessen.

»Das kommt davon«, sagt er, »weil ich als Kind immer

zum Aufessen gezwungen wurde.« Wo es um die menschliche Psyche geht, scheint zwischen Ursache und Wirkung kein sehr geradliniger Zusammenhang zu bestehen.

Von Bröslern und Männchenmalern

Es gibt Menschen, die stehen ein geselliges Beisammensein anscheinend nur durch, wenn sie dabei einer Nebenbeschäftigung nachgehen können. Während sie reden oder zuhören, müssen sie ihre Hände beschäftigen.

Die simpelste Art von Nebenbeschäftigung ist das Zeichnen. Findet einer dieser Menschen einen Kugelschreiber oder einen Bleistift, beginnt er zu arbeiten. Männchen, Häuschen, Gartenzäune, Bäumchen, was der des Zeichnens Unkundige halt so schwer zuwegebringt, wird auf Papierservietten, Bieruntersetzer oder Zeitungsränder gemalt.

Die Männchenmaler, so man sie als Gäste geladen hat, sind die, die kaum Arbeit machen. Mehr als ein hinterher leicht wegzuschaffender Haufen verkratzelter, verkritzelter Servietten kosten sie nicht.

Viel problematischer aber sind die Leute, die ich die

»Brösler« zu nennen pflege. Gierig grapschen sie nach allem, was auf dem Tische liegt und zerbröselt werden kann. Flaschenkorken, Streichhölzer, Zahnstocher werden von ihnen auf winzige Partikel zerlegt und dann artig arrangiert.

Während Freundin Adi angespannt ihrem Ehemann lauscht, macht sie aus Korkenbröseln ein Häuflein, macht dann aus dem Häuflein einen Miniwall, sucht nach Materialnachschub, zerbröselt noch einen Korken, verlängert den Miniwall zu einer Korkenbröselstraße, ist mit dem Verlauf der Straße nicht zufrieden und arrangiert um, und wenn man ihr dabei zuschaut, muß man annehmen, nichts auf der Welt ist ihr im Moment wichtiger als ihr Korkenbröselspiel.

Aber noch irritierender sind die Leute, die aus Bierdeckeln Häuser bauen und das nicht wirklich gut können! Erkläre einmal einer einem die Weltlage, der andauernd nur »pscht!« murmelt, weil er Angst hat, der Atem, den der Weltlageerklärer empört ausstößt, könne den Bierdeckelturm zerstören.

Am meisten jedoch fürchte ich mich vor Leuten, die in Wachs arbeiten. Ihre Augen fangen schon zu glitzern an, wenn die sehen, daß der Gastgeber eine oder mehrere Kerzen am Tische entzündet hat.

Sie setzen sich an den Platz, der den Kerzen am nächsten ist, und sind vollauf damit beschäftigt, tropfendes Wachs einzusammeln. Und dann kneten und formen sie. Und wenn sie endlich weggegangen sind, hat man ein Tischtuch, dem auch die Neunzig-Grad-Wäsche nicht mehr helfen kann.

Katzen und Menschen

Leute, die Katzen nicht mögen, werden mit folgenden Zeilen nichts anzufangen wissen, aber Katzenliebhaber werden mein Problem verstehen. Es geht um dieses:

Meine zwei Katzen sind ernste, erwachsene Katzendamen. Sie verbringen ihr Leben außer Haus, auf Mäusejagd. Nach Hause kommen sie nur, um zu fressen und um sich von den Strapazen der Jagd zu erholen. Stundenlang ruhen sie dann, hinreißend schön anzusehen, im Tiefschlaf. Aber kaum lasse ich mich irgendwo zu einer Tätigkeit nieder, bei der ich eine Katze wirklich nicht brauchen kann, erwacht eine Katzendame, gähnt, streckt sich und kommt dann zu mir.

Schlage ich auf dem Tisch eine Zeitung auf, springt so ein Biest auf den Tisch und setzt sich auf die Zeitung, haarscharf auf den Artikel, den ich lesen will. Bescheide ich mich und lese einen anderen Artikel, einen, der nicht vom Katzenhintern verdeckt ist, rückt das Vieh nach und schiebt sich über die Zeilen, die ich nun lese.

Auch wenn ich mich mit einer Näharbeit hinsetze, wieselt sofort eine Katze herbei, mauzt, springt mir in den Schoß und schert sich nicht darum, daß sie auf Nähnadel, Faden und Werkstück landet, mich am Arbeiten hindert.

Manchmal ist es den Biestern nicht einmal zu dumm, sich quer über meine Schreibmaschine zu legen, obwohl man ihnen ansieht, wie unbequem sie dort liegen.

Wenn eine Katze derart lästig ist, ergreife ich sie und stelle sie auf den Boden. Worauf das Vieh wieder springt und ich es wieder ergreife und das Vieh wieder springt. Das spielen wir so lange, bis es mir zu dumm wird und ich von Zeitung oder Näharbeit ablasse und der Katze streichelnde Zuwendung gebe.

Mein Problem ist nun, warum ich den Katzen trotzdem nie gram werde und ihnen kein bißchen grolle. Würde

mich ein menschliches Wesen derart belästigen, ich wäre stinksauer. Daß ich Katzen mehr liebe als Menschen, kann nicht der Grund sein. So bin ich nicht.

Der Grund muß sein, daß ich von Katzen nichts erwarte. Die sind halt so, sage ich mir, und warum sie so sind, entzieht sich meiner Kenntnis. Darum bin ich so sanft geduldig zu ihnen. Das ist ungerecht gegen die Menschen, denn auch unter ihnen gibt es welche, die »halt so sind«, und es entzieht sich meiner Kenntnis, warum sie so sind.

Ich werde diese schöne Einsicht in Zukunft berücksichtigen und mir von Menschen auch nicht mehr erwarten als von Katzen.

Wenn ein Jahr zu Ende geht …

Schlichte Fichte

Die Einstellung der Menschen zum Christbaum ist keine einheitliche. Abgesehen von denen, die gar keinen Christbaum mögen, divergieren auch die Ansichten der zum Christbaum positiv eingestellten Leute ganz gewaltig. Meistens stammt die Idealvorstellung »Christbaum« aus Kindertagen. Entweder will man so einen, wie man ihn als Kind hatte, weil man mit ihm zufrieden war, oder man hat seine Kinderchristbäume als »Feindbild« und will einen ganz anderen.

Schwierig wird es, wenn zwei Leute mit verschiedenen Christbaumidealen zu einem Kompromiß kommen müssen.

Er sagt: Fichte schlicht! Nicht höher als einen Meter!

Sie sagt: Silbertanne doppelt, bis zur Zimmerdecke!

Er sagt: Weiße Kerzen, Engelshaar und sonst nichts!

Sie sagt: Ketten, Lametta, Sternspucker, Glaskugeln, Zuckerln und überhaupt alles, was man aufhängen kann!

Da Weihnachten Männer milde stimmt und Frauen von Natur hartnäckiger sind, ist anzunehmen, daß »Sie« ihren Willen durchsetzt und eine große Silbertanne erstanden wird. Auch ist anzunehmen, daß der Heimweg friedlich verläuft, weil »Er« zu Weihnachten ohne Murren im nahen Supermarkt eine billige Dachgalerie ersteht, um das grüne Monstrum verkehrssicher nach Hause zu transportieren, wobei »Sie« ihn tröstet: »Eine Dachgalerie kann man immer brauchen!«

Aber zu Hause, das weiß ich aus Erfahrung, wird es schlimm. Im Freien nämlich wirken Bäume viel kleiner als im Wohnzimmer, man kann sich da leicht verschätzen. Und »Sie« hat jetzt wirklich keine Zeit, dem Baum die unteren neunzig Zentimeter abzusägen. Und wie ein dicker Stamm in ein kleines Kreuz zu zwängen ist, ist ja nun wirklich Männersache!

Letztlich könnte es aber sein, daß »Er« und »Sie« doch noch zu einem artigen Kompromiß kommen, weil »Sie« vergessen hat, wo sie nach dem sommerlichen Großreinemachen die Schachteln mit dem Christbaumschmuck hingetan hat.

Also sitzen dann »Er« und »Sie« des Abends vor dem schönen, grünen Kompromiß. Der Baum ist so groß, wie »Sie« wollte, und so »kahl«, wie »Er« wünschte, und »Er« und »Sie« können wieder lieb zueinander sein.

Weihnachtsgaben im Rückblick

Na, wie war es denn heuer mit den Geschenken, verehrte Leserin? Haben Ihre mehr oder weniger Lieben Ihre geheimen Wünsche getroffen? Oder hat man Sie durch oberflächliche Geschenkswahl tief getroffen?

Hat Ihnen Ihr Mann das Buch geschenkt, das er schon längst hatte lesen wollen? Oder hat er der Werbestimme vertraut, die wochenlang verkündet hat, daß ein Bügeleisen ein sehr »persönliches Geschenk« sein kann?

Und sind Sie sich schon klar, ob Sie es wagen dürfen, von Ihrer Schwiegermutter die Rechnung für den schweinsrosa Morgenmantel zu fordern, damit Sie ihn umtauschen können?

Und wie werden Sie es mit dem Maiglöckerlwasser halten, das eine ruchlose Verkäuferin Ihrem achtjährigen Sohn ins seidige Sternenpapier gewickelt hat?

Und wie verkraften Sie es, daß sich Ihre Tochter im Pullover, den Ihnen Ihr Mann geschenkt hat, pudelwohl fühlt? Wunder ist es ja keines. Der Pullover paßt schließlich ausgezeichnet zur karierten Hose Ihrer Tochter. Was die Tochter, dem Papa beim Einkauf behilflich, sicher bedacht hat.

Und wie, verehrte Leserin, haben Sie denn geschenkt? Ist Ihr Gewissen rein? Oder kommt Ihnen Ihr Ehemann in der himmelblauen Hausjacke nicht doch etwas verloren vor?

Fragen Sie sich, ob die Oma mit Absicht oder aus Altersvergeßlichkeit das »Super-Tiefkühlkost-Sägemesser« unbedingt unter dem Christbaum liegen ließ? Und wie steht's um die froschgrüne Tasche, von der ein Verkäufer sagte, sie sei der Traum aller jungen Mädchen? Wieso hat Ihre Tochter dann gestern die alte Handtasche genommen, als sie außer Haus eilte?

Oder stricken Sie etwa noch am Halsausschnitt vom

Pulli, den Sie Ihrem Mann schenken wollten? Wenn dem so sein sollte, nehmen Sie es nicht tragisch. Jetzt, ohne Überraschungszwang, können Sie wenigstens ordentlich Maß nehmen.

In den vergangenen Jahren – Hand aufs Weihnachtsherz – war es doch ohnehin immer peinlich, wenn der arme Kerl freudig und im Scheine der Flackerkerzen das gute Stück anlegen wollte und den Kopf bloß bis zu den Ohren durchs Halsloch bohren konnte und Sie dann murmeln mußten: »Das trenn ich wieder auf!« Eben! Eine gewisse Zögerlichkeit bei der Geschenkeproduktion hat ihre Vorteile.

Gute Vorsätze bis zum Dreikönigstag

Wenn ein Jahr zu Ende geht – spätestens aber in der Silvesternacht – haben viele Menschen den Drang, gute Vorsätze zu haben und zu beschließen, daß es »so« absolut nicht weitergeht, daß alles ganz anders und besser werden muß und daß sie deshalb ab 1. Jänner des neuen Jahres allerhand zu tun und lassen haben, was sie bis zum 31. Dezember des alten Jahres aus unterschiedlichen Gründen weder getan noch gelassen haben.

Fast vierzig Silvester durfte ich meinen Vater dabei beobachten, wie er den Entschluß faßte, daß es »ohne Rauch auch geht«, durfte zusehen, wie er, Zigarette an Zigarette anzündend, bis Schlag Mitternacht seinen Nikotinvorrat verschmauchte, auf daß ihn am nächsten Morgen kein hinterhältiges Gifttröllchen von der Enthaltsamkeit abbringen möge.

Und meine gute Frau Mutter entschloß sich ebenso viele Silvester lang, ab 1. Jänner ein Haushaltsbuch zu führen, um zu wissen, wo das Geld hinkommt, und hierauf wissend die Hälfte davon einzusparen und solchermaßen bis zum Silvestertag wohlhabend zu werden.

Bis zum Heiligendreikönigstag war dann auch die Luft in unserer Wohnung glasklar, nicht das kleinste Rauchringerl schwebte durch die Räume, in den Aschenbechern war nichts als Fransenpapier vom Christbaum, und auf dem Küchentisch lag ein dickes blaues Heft, und auf dem stand in mütterlicher Zierschrift: Ausgaben.

Aber am Heiligendreikönigstag dann kam der Pepi-Onkel und blies meinem Vater so lange Rauch in die Nasenlöcher, bis mein Vater vom guten Vorsatz der Enthaltsamkeit abließ und über die Zigarettenschachtel vom Pepi-Onkel herfiel.

Rügte ihn meine Mutter wegen »Charakterschwäche«, schlug mein Vater höhnend das Haushaltsbuch auf, und dort stand Jahr für Jahr nichts anderes als: »1 Heft blau« und dahinter der Preis.

Als Kind solcher Eltern aufgewachsen, lagen mir gute Vorsätze zum Jahreswechsel schon immer sehr fern. Still und bescheiden die minimalen Möglichkeiten zur Veränderung meiner Charakterstruktur kennend, schreite ich von Jahr zu Jahr; und wenn mir schon einmal versehentlich zu diesem Termin ein »guter Vorsatz« unterläuft, dann behalte ich ihn bei mir, erwähne ihn vor keiner noch so freundlichen Menschenseele – um nicht am Heiligendreikönigstag dem Hohn der Familie preisgegeben zu sein.

Postskriptum

»Ich schreibe gern für die Zeitung«, pflegte ich oft zu sagen und lieferte auch gleich die Begründung mit: »weil Zeitung ein kurzes Leben hat. Heute schreibst du, morgen wird es gedruckt, und übermorgen wickelt die Gemüsefrau den Salatkopf in deine Betrachtungen. Das beruhigt! Du kannst dir einreden, daß du vorgestern oder vorige Woche oder voriges Jahr einen speziell witzigen oder geistreichen oder rührenden Artikel verfaßt hast, denn nichts von dem, was du dir ausgedacht und formuliert hast, steht als Beweis zwischen zwei Buchdeckeln in Regalen herum!«

Nun habe ich mich dieser schönen Selbsttäuschungsmöglichkeit beraubt. Aber irgendwie liegt das ja auf meiner Linie. Wenn ich schon jahrelang versuchte, meinen »geneigten Leserinnen« die Selbsttäuschung zu vermiesen, darf ich wohl mit mir nicht schonender umgehen.

Für eine Zeitung zu schreiben hat aber noch einen anderen Vorteil. Das, was man »feed back« nennt, also die Leserpost, kommt üppiger. Man muß merken, bei welchen Lesern man ankommt und bei welchen man auf Ablehnung stößt. Von Briefen, die wahre Liebeserklärungen sind, über obszöne Verwünschungen bis zu Morddrohungen kann da alles passieren, und die Möglichkeit, daß man, schön langsam und mit den Jahren, seiner Anhängerschaft »nach dem Maul« schreibt, ist natürlich verlockend, weil man ja lieber Liebesbriefe als Morddrohungen bekommt.

Dieser Verlockung zu widerstehen fiel mir leicht, weil ich auch nach jahrelangem Training nie recht kapiert habe, worüber meine »geneigten Leserinnen« böse werden und worüber sie sich freuen.

Tatsache ist jedenfalls, daß nach einer Glosse, die sich mit einem Katzenhaar auf einem Kaffeelöffel befaßt, zehnmal soviel Leserpost kam wie nach einer Glosse über ungerechte Arbeitslöhne für Frauen.

Tatsache ist auch, daß eine wie ich, wenn es um Frauenthemen geht, stets »zwischen zwei Stühlen« schreibt. Den Feministinnen bin ich nicht kämpferisch genug und viel zu »männerlieb«, für die Liga der sehr konservativen Damen bin ich eine »Emanze«; was in solchen Kreisen ein Schimpfwort ist.

Das soll keine jammernde Beschwerde sein. Wem, wie mir, prinzipiell auf jedem Stuhl der Hintern weh tut, der muß es sich eben zwischen den Stühlen bequem machen. Dort hat man zwar keine Lehne zum Anlehnen, und auch die Armstützen fehlen, dafür hat man aber wesentlich mehr Bewegungsfreiheit.

Christine Nöstlinger

ENDE

Christine Nöstlinger im dtv

»Der Mensch soll sich nicht allzu ernst nehmen und über sich selbst lachen können!«

Haushaltsschnecken leben länger
Mit Illustrationen von Christiana Nöstlinger
dtv 10804

Das kleine Frau
Mein Tagebuch
dtv 11452

Manchmal möchte ich ein Single sein
Mit Illustrationen von Christiana Nöstlinger
dtv 11573

Einen Löffel für den Papa Einen Löffel für die Mama
Mit Illustrationen von Christiana Nöstlinger
dtv 11633

Streifenpullis stapelweise
Mit Illustrationen von Christiana Nöstlinger
dtv 11750

Salut für Mama
Mit Illustrationen von Christiana Nöstlinger
dtv 11860

Mit zwei linken Kochlöffeln
Ein kleiner Kochlehrgang für Küchenmuffel
Mit Illustrationen von Christiana Nöstlinger
dtv 12007

Management by Mama
Mit Illustrationen von Christiana Nöstlinger
dtv 20112

Mama mia!
Mit Illustrationen von Christiana Nöstlinger
dtv 20132

Werter Nachwuchs
Die nie geschriebenen Briefe der Emma K., 75
dtv 20049 und
dtv großdruck 25076

Liebe Tochter, werter Sohn!
Die nie geschriebenen Briefe der Emma K., 75
Zweiter Teil
dtv 11949 und
dtv großdruck 25136

Isabella Nadolny im dtv

»Isabella Nadolny ist eine Moralistin der Lebensweisheit, eine Herzdame der Literatur.«
Albert von Schirnding

Ein Baum wächst übers Dach
Roman
dtv 1531 und
dtv großdruck 25058

Ein Sommerhaus an einem der oberbayrischen Seen zu besitzen – dieser Traum wurde für die Familie der jungen Isabella in den dreißiger Jahren wahr. Wer hätte damals gedacht, daß dieses kleine Holzhäuschen eines Tages eine schicksalhafte Rolle im Leben seiner Besitzer spielen würde?

Seehamer Tagebuch
dtv 1665 und
dtv großdruck 2580

Vergangen wie ein Rauch
Geschichte einer Familie
dtv 10133

Als einfacher Handwerker aus dem Rheinland ist er einst zu Fuß nach Rußland gewandert und hat es dort zum Tuchfabrikanten gebracht, in dessen Haus Großfürsten, Handelsherren und der deutsche Kaiser zu Gast waren: Napoleon Peltzer, der Urgroßvater des Kindes, das ahnungslos die Porträts und Fotografien betrachtet, die in der Wohnung in München hängen.

Providence und zurück
Roman · dtv 11392

»Zuhause ist kein Ort, zuhause ist ein Mensch, sagt der Spruch, und es ist wahr. Hier in diesem Sommerhaus war kein Zuhause mehr seit Michaels Tod ...« In ihrer Verzweiflung folgt Isabella Nadolny einer Einladung in die Staaten. Von New York über Boston bis Florida führt sie diese Reise zurück zu sich selbst.